LE SECRET
DU BONHEUR

DU MÊME AUTEUR :

HISTOIRE DES USAGES FUNÈBRES ET DES SÉPULTURES DES PEUPLES ANCIENS. 2 volumes grand in-4º accompagnés de cent grandes planches tirées à part, et de trois cents dessins sur bois imprimés dans le texte.

LES QUATRE SAISONS, esquisses d'après nature, avec planches. 1 volume grand in-18.

FANNY, étude. 1 volume grand in-18.

DANIEL, étude. 2 volumes grand in-18.

CATHERINE D'OVERMEIRE, étude. 2 volumes grand in-18.

SYLVIE, étude. 1 volume grand in-18.

ALGER, étude. 1 volume grand in-18.

UN DÉBUT A L'OPÉRA, étude. 1 volume grand in-18.

MONSIEUR DE SAINT-BERTRAND, suite du précédent. 1 volume grand in-18.

LE MARI DE LA DANSEUSE, suite et fin des deux précédents. 1 volume grand in-18.

Corbeil. — Typ. et stér. de Crété.

LE SECRET
DU BONHEUR

ÉTUDE

PAR

ERNEST FEYDEAU

TOME PREMIER

PARIS

MICHEL LÉVY FRÈRES, LIBRAIRES ÉDITEURS

RUE VIVIENNE, 2 BIS, ET BOULEVARD DES ITALIENS, 15

A LA LIBRAIRIE NOUVELLE

1864

Tous droits réservés

A LOUIS BOUILHET

MON CHER AMI,

Permettez-moi d'inscrire votre nom en tête de ce livre. C'est un besoin du cœur qui m'y engage; c'est aussi le désir d'acquitter une dette de reconnaissance.

Je vous dois quelques-unes des heures les plus agréablement employées de ma vie. Vos œuvres m'ont toujours charmé, elles m'ont souvent consolé; j'en connais peu, sans vous flatter, où soient réunis au même degré, le style, l'émotion, et cette probité, cet attachement sévère aux saines doctrines qui devient de plus en plus rare.

Le livre que je vous dédie, vous le reconnaîtrez en le lisant, présentait des difficultés de plusieurs sortes. Préjugés enracinés à combattre, nécessité de faire marcher de front deux actions, obligation de peindre, en les discutant, des mœurs et des caractères avilis à dessein par tant de gens intéressés à déshonorer leurs victimes, rien n'y manquait des pierres d'achoppement qui peuvent décourager un écrivain. A vous de dire, mon cher ami, dans quelle mesure ma bonne étoile m'a permis de tourner les unes, et de sauter par-dessus les autres.

J'ai bien moins voulu raconter une légende d'amour que décrire une certaine contrée peu connue, et, en même temps, exprimer une certaine manière de penser, de sentir, d'agir chez les gens réunis par le hasard dans cette contrée attrayante. J'ai voulu également respecter la vérité dans les caractères, sans m'accorder à moi-même qu'une très-faible latitude dans le romanesque des événements. Aussi n'est-il pas un des personnages de cette étude qui ne soit un portrait sincère, presque pas une de ses nombreuses scènes qui ne se soit passée devant mes yeux. Ces pages tranquillement déroulées, — dirai-je lentement ? — pour l'édification des hommes de bonne foi, sont moins, dans leur ensemble, une œuvre d'invention, qu'un simple chapitre d'histoire.

Mais voyez maintenant comme j'ai peu de chance ! pour la première fois que, répudiant la peinture des faiblesses humaines, je me prive ainsi volontairement d'un puissant moyen d'intérêt ; pour la première fois que j'essaye de réaliser ce rêve de tant d'écrivains : créer une œuvre qui, sans blesser l'imagination la plus chaste, soit faite cependant pour plaire aux esprits sérieux; pour la première fois enfin que je veux exposer spécialement aux yeux du public des mœurs pures, de nobles sentiments, des *exemples,* les modèles manquent autour de moi, et c'est sur les limites du désert que je me vois obligé d'aller les chercher !

Ernest Feydeau.

LE
SECRET DU BONHEUR

I

LE SENTIER.

L'Afrique française est bordée, au nord, par une zone montagneuse dont l'épaisseur varie entre trente et cinquante lieues, et qui s'étend, avec de pittoresques accidents de terrain, depuis l'empire de Maroc jusqu'à la régence de Tunis. Cette zone, placée comme une sorte de rempart naturel entre la Méditerranée et le Sahara, a reçu des Arabes le nom de Tell, qui signifie pays montueux. Elle est toute sillonnée de cours d'eau, parsemée de maquis, de landes, de hautes forêts, et les quatre grandes plaines qui la partagent sont d'une fertilité merveilleuse.

Ces plaines portent le nom de Bône, de la Mitidja, du Chelif, d'Oran. Elles se prolongent de l'est à l'ouest, séparées les unes des autres par la chaîne de la Kabylie, les sommets du Zakkar, les crêtes de l'Ouaransenis, mais en suivant une ligne presque parallèle à la mer. La zone montagneuse de l'Afrique française se trouve donc divisée en deux massifs de dimensions à peu près égales. On a donné à celui du nord le nom de massif méditerranéen; celui du sud s'appelle massif intérieur.

Le premier de ces deux massifs est le plus peuplé : seize ports, un grand nombre de villes et de villages, sont dispersés sur son littoral et comme échelonnés sur ses pentes. Cependant, par une de ces bizarreries qui se rencontrent quelquefois dans la physionomie des continents, une étendue de terres considérable, située dans la partie la plus fertile du massif méditerranéen, est restée déserte. Quelques tribus arabes, il est vrai, l'habitent avec leurs troupeaux ; mais nul village, nulle ferme française — à une seule exception près — n'existe encore aujourd'hui sur sa surface.

Cette partie du sol algérien, respectée jusqu'ici par la colonisation, forme un rectangle de trente lieues de long sur quinze de large. Elle est bornée au nord par la Méditerranée, au sud par la plaine du Chélif, à l'est par la grande route militaire de Cherchell à Milianah, à l'ouest par celle d'Orléansville à Ténez. Les quatre villes que nous venons d'énumérer sont placées aux sommets de ses angles, et quelques autres de moindre importance sont réparties sur les côtés; mais, les tentes et les gourbis des Arabes étant habituellement cachés par des plis de terrain, le pays qui s'étend dans l'espace compris entre ces villes et la mer, sur une surface d'environ cinq cents lieues carrées, n'offre aux regards des voyageurs qu'une imposante solitude.

Lorsque la soumission d'Abd-el-Kader eut enfin permis à la France de pacifier l'Algérie, le gouvernement s'occupa de créer quelques établissements dans cette vaste partie du territoire conquis par nos armes. Plusieurs projets furent proposés et successivement écartés comme peu praticables ou trop coûteux. En 1860, cependant, un décret ordonna que la route qui reliait Cherchell au bourg de Novi serait prolongée sur le littoral jusqu'à Ténez, et que, vers les deux tiers de cette route, un port de relâche serait établi au fond de la petite baie du Montararach. Un village d'une centaine de feux devait être adjoint à ce port, avec une chapelle, un lavoir public, un marché couvert, un caravansérail et un hospice. L'exécution de ce décret fut confiée à l'autorité militaire. Elle choisit, pour la diriger, un capitaine du génie qui était arrivé depuis peu de temps en Afrique et passait pour un officier capable et zélé.

Le capitaine Thierry — tel était le nom de cet officier — avait alors un peu moins de cinquante ans. C'était un homme au cœur excellent, à l'âme probe et désintéressée, esclave du devoir, mais dont l'esprit manquait d'ornement et peut-être aussi d'extension. Son instruction ne dépassait point un certain niveau ; elle avait été presque exclusivement dirigée vers les mathématiques. Quant à l'histoire, aux arts, aux sciences naturelles, les connaissances qu'il avait acquises dans ces diverses branches du domaine intellectuel étaient médiocres, ou, pour parler plus exactement, un peu bornées. Ce brave homme n'était point heureux ; aussi, bien qu'il fût doué d'un courage physique à toute épreuve, — il l'avait maintes fois montré dans l'exercice de sa profession, — avait-il laissé une certaine tristesse, quelquefois amère et très-âpre, se manifester sur ses traits et dans son langage. En sortant de l'École de Metz, il avait été envoyé à Marsal, place forte située dans l'est de la France ; il s'était marié dans cette petite ville, et trois enfants, en quelques années, étaient venus lui imposer de graves obligations envers la vie et envers lui-même. Malheureusement, l'avancement que put obtenir le jeune officier ne répondit pas à son zèle. Il fit toujours son devoir, et souvent plus que son devoir, dans les différents postes des frontières du Nord et de l'Est dont on lui confia successivement le commandement ; cela ne l'empêcha pas de demeurer à peu près oublié pendant vingt-cinq ans. Les seules récompenses qu'il obtint furent l'épaulette de capitaine et la croix de chevalier de la Légion d'honneur. Malgré les notes favorables invariablement fournies sur lui, chaque année, par ses chefs, il ne put jamais s'élever jusqu'au grade de commandant. Si le capitaine Thierry avait trouvé dans sa famille un dédommagement à l'échec de son ambition, il se fût peut-être consolé de ses mécomptes ; mais cette famille, après avoir été pour lui la source d'une félicité presque sans mélange, était un jour devenue la cause de peines cruelles. Au bout de vingt ans de ménage, l'officier, dont la santé était gravement altérée par suite d'accès de fièvre contractée dans les marais de Marsal, avait eu la douleur de perdre sa femme, et, peu de temps après, les deux aînés de ses enfants. Des quatre créatures qui lui faisaient apprécier les douceurs de la vie, il ne lui resta qu'une fille, et cette fille, attristée comme lui par les rigueurs du sort qui l'avait accablée dès l'âge le plus tendre, n'avait pas assez d'énergie dans le caractère pour pouvoir arracher son père à ses pesants sujets de mélancolie. Le séjour des places fortes de la frontière, véritables prisons toutes construites sur le même modèle, devint bientôt insupportable à ces deux personnes. Elles étaient trop sensibles pour se soustraire à l'influence des souvenirs que ravivait en eux le spectacle du monde extérieur. Le père surtout, devenu superstitieux par excès de chagrin, s'était frappé de l'idée que sa dernière enfant, dont la constitution semblait délicate, ne tarderait pas à succomber, si elle continuait à mener cette existence uniforme qui avait été déjà si funeste à sa famille. Il vivait dans l'anxiété continuelle de leur prochaine séparation, et ce fait, tout en le poussant à chérir sa fille plus étroitement encore que par le passé, ne lui laissa bientôt plus une heure de quiétude. Les choses en arrivèrent à ce point, que le malheureux capitaine, ne sachant plus comment échapper aux funèbres pressentiments qui l'obsédaient, se décida à écrire au ministre pour le prier de vouloir bien l'envoyer dans une de nos colonies des Antilles ou en Algérie. Le ministre accueillit sa demande et lui assigna pour résidence Milianah, petite ville très-saine et très-gaie, où il ne connaissait personne, mais où du moins il retrouva une tranquillité d'esprit relative. Deux mois après son arrivée, cependant, le décret qui ordonnait la création d'un port et d'un village dans la baie du Montararach plongea le capitaine en de nouvelles perplexités. Il avait été désigné pour prendre le commandement de l'expédition; son séjour sur l'emplacement des travaux à exécuter devait être de plus d'une année. Que ferait-il de sa fille pendant ce long espace de temps ? La laisserait-il à Milianah, dans une ville de garnison, sous la douteuse et banale protection de quelqu'une des femmes de ses nouveaux camarades ? Cela lui paraissait aussi pénible que peu convenable. Après avoir longtemps hésité, le père se décida à s'en rapporter à la décision de sa fille : c'était lui dire qu'il ne pouvait prendre sur lui de se séparer d'elle. Elle le comprit. Pas plus que lui, du reste, elle n'avait envisagé sans terreur l'éventualité de leur séparation, car elle ne connaissait que trop la misanthropie de son père ; elle savait qu'il ne pourrait jamais se résigner à vivre seul, livré à lui-même, aux aiguillons de sa mélancolie, et, depuis longtemps, dans son cœur, avec un désintéressement plus que filial, elle avait pieusement et secrètement pris le ciel à témoin qu'elle lui consacrerait toute sa vie. Elle décida qu'elle suivrait son père ; elle affirma qu'elle supporterait les fatigues et les privations inséparables d'un campement d'hiver dans un pays abandonné ; elle ajouta que son devoir l'y obligeait ; qu'étant fille de soldat, elle devait s'habituer à mener une existence sévère, et qu'au surplus, malgré les désagréments qu'elle éprouverait à se passer pendant un an de la société des personnes de son sexe, elle saurait s'arranger de façon à ne pas connaître l'ennui. Enfin elle se montra si *brave*, si persuasive, que son père se laissa convaincre, et, se promettant de la ramener à Milianah, dans le cas où elle serait trop éprouvée par la fatigue ou l'isolement, il résolut de l'emmener avec lui.

Ce fut le 31 du mois d'octobre que le capitaine Thierry, ayant reçu les dernières instructions du général commandant la subdivision de Milianah, son chef immédiat, quitta cette charmante ville pour se rendre à l'emplacement du village projeté. Il avait une quinzaine de lieues à faire en diagonale, dans le massif nord du Tell, pour y arriver. Un détachement d'une centaine de soldats du train des équipages, de sapeurs du génie, de muletiers, de spahis, devait l'accompagner dans sa nouvelle résidence. Ce détachement étant presque en entier composé de piétons, le capitaine l'avait fait partir de Milianah la veille au soir, afin d'épargner à sa fille les ennuis d'une marche lente; il comptait le rejoindre en route.

Un autre détachement, de force à peu près égale et placé sous les ordres d'un lieutenant, avait dû s'embarquer le même jour à Cherchell. Le bateau à vapeur qui transportait cette dernière troupe dans la baie du Montararach était chargé des vivres nécessaires aux soldats pour passer l'hiver, et de toute sorte de matériaux de construction.

Le soleil venait à peine de se lever dans un ciel embrasé par le vent du sud, quand le capitaine Thierry, accompagné de sa fille et de trois autres personnes, franchit la porte de Milianah. Malgré l'heure matinale, la chaleur, ce jour-là, était accablante. Depuis dix heures, le sirocco soufflait son haleine de feu sur les montagnes ; la terre desséchée était couverte d'un lit épais de fine poussière, et les arbres des vergers qui forment une verte ceinture à la ville du marabout Ben-Youssef laissaient pendre languissamment leurs rameaux chargés de fruits. Il y avait alors près de six mois qu'une goutte de pluie n'était tombée sur le sol du Tell ; aussi presque toute végétation en avait-elle disparu. A l'exception de quelques bouquets de lentisques dont on voyait briller le feuillage de loin en loin dans la campagne, pas une plante n'y réjouissait les yeux. Les broussailles, au bord de la route, apparaissaient comme des amas de fascines ; l'herbe, cet odorant tapis qui repose si doucement la vue de l'homme, brûlée par le soleil jusqu'à la racine, s'était éparpillée en brins impalpables, et les sources taries, brunissant faiblement la terre, semblaient de grandes taches de boue.

En tête de la petite troupe qui voyageait par cette journée de chaleur torride, marchait un guide indigène, célèbre depuis longtemps dans toute l'Algérie. Il répondait au nom de Maumenèsche, avait servi d'éclaireur aux Français pendant la guerre, et, depuis la pacification des trois provinces, il était attaché, en qualité de *coureur*, au bureau arabe de Milianah. Maumenèsche, né sur les confins de la Kabylie, était doué de toutes les aptitudes qui distinguent ses compatriotes. Adroit, patient, rusé, courageux, il avait la sobriété de l'âne et les muscles d'acier de l'autruche. La portée de sa vue était extraordinaire, comme celle de son gosier : il distinguait un cavalier à plus d'une lieue de distance, et lui faisait dresser la tête en poussant un cri. Jamais, dans l'exercice de ses fonctions de guide, il n'avait voulu consentir à se servir d'un cheval. « Le cheval, disait-il, est bon pour ceux qui font la guerre, non pour celui qui veut surprendre les secrets de l'ennemi. Le cheval fait du bruit en courant, et laisse des traces. Il lui faut de la paille, de l'orge, une grande quantité d'eau chaque jour, toutes choses difficiles à rencontrer en campagne, et qu'on ne peut lui faire porter ; il lui faut également des fers pour « ses pieds qui s'usent. » Enfin, il est le plus craintif des animaux, et ne sait se soustraire à l'attaque du lion. Un bon marcheur, au contraire, outre qu'il peut fournir dans la montagne des courses aussi longues et aussi rapides que les meilleurs chevaux, passe dans les taillis sans être aperçu, et glisse sur le sol sans y imprimer de vestiges. Il n'a pas besoin de chaussure. Sa nourriture d'une semaine tient dans un coin de son burnous. Quand elle est épuisée, il trouve partout à la remplacer avec les plantes et les racines du bon Dieu. Enfin, il lui suffit d'allumer du feu ou de grimper sur un arbre pour éviter la griffe des bêtes féroces. » Maumenèsche, en sa qualité de rival des chevaux, prenait plaisir à humilier autant qu'il pouvait ces nobles animaux, qui, en Afrique surtout, rendent aux hommes tant de services. Une de ses malices habituelles, quand il exerçait ses fonctions de guide, consistait à prendre un pas allongé et à les laisser bien loin derrière lui dans les sentiers de la montagne. Il s'arrêtait alors, croisait les bras sur son bâton, et les regardait cheminer vers lui avec un air sarcastique (1). La

---

(1) M. le général Daumas cite l'exemple de coureurs arabes

raillerie, une raillerie fine et sans méchanceté, formait, avec la taciturnité habituelle aux Arabes, le fond du caractère de Maumenèsche. Ce caractère se reflétait assez bien dans son extérieur. Il était de taille moyenne; il avait tous les membres admirablement formés, la poitrine large et haute, les attaches des mains et des pieds déliées, le geste grave, la tête petite et le cou maigre. Son visage olivâtre était disposé par plans, comme ces bustes de marbre dégrossis par les praticiens et dont les

---

doués d'une vigueur et d'une agilité extraordinaires. L'un d'eux, assure-t-il, ne mit pas plus de cent deux heures pour parcourir à pied une distance de cinq cent soixante kilomètres. D'après ce que j'ai été à même d'observer en Algérie, je suis fondé à croire cette affirmation vraie de tous points. Le Kabyle Maumenèsche, qui avait de nombreux points de ressemblance avec l'un des coureurs cités par M. le général Daumas, a lassé dix fois mon cheval dans la montagne, pendant les chaleurs de la canicule. Je suis heureux de profiter de cette occasion pour dire ma pensée sur les livres de l'officier qui a le mieux contribué à vulgariser la connaissance de l'Afrique française. Il ne manque pas de gens, à Alger surtout, pour l'accuser d'avoir vu les Arabes beaucoup trop en beau et de les avoir poétisés. Cette critique est injuste. J'ai parcouru tout le Tell de la province d'Alger, voyageant à petites journées, notant les moindres faits qui se passaient devant mes yeux, les comparant incessamment aux récits de M. le général Daumas, et, pas une fois, je n'ai pu parvenir à le prendre en faute. Ses livres sont un miroir fidèle où l'Algérie s'est reflétée tout entière. J'ajouterai qu'il n'est guère possible de la bien connaître, si on ne les a lus et médités.

traits n'ont pas été encore adoucis par les derniers coups de ciseau du statuaire. Son front lisse et découvert s'évidait un peu vers les tempes. Sa barbe noire et clair-semée, frisée naturellement, découvrait ses lèvres violettes et ses dents d'une blancheur d'amande ; enfin ses yeux de jais petillaient d'espièglerie, et, quand il vous regardait en face, en vous abordant, on ne pouvait se défendre d'une certaine gêne.

Le costume de Maumenèsche avait toujours été des plus simples. Ses jambes bronzées demeuraient nues, ainsi que ses pieds, pendant l'hiver comme pendant l'été. Un bonnet de Tunis, d'un rouge sombre, appelé *chachya*, placé un peu en arrière, découvrait ses tempes rasées et bleuâtres. Une chemise de cotonnade descendait sur ses genoux. Une ceinture étroite, en cuir de Maroc, serrait cette chemise, très-ample, autour de son corps. Un burnous de grosse laine et d'une couleur blanche un peu jaunie, rejeté sur son épaule, balançait ses larges plis à la hauteur de ses jarrets et laissait libre son bras droit, invariablement armé d'un bâton. Enfin un couteau de Bédouin, enfermé dans une gaîne de cuir, que Maumenèsche portait toujours suspendu au cou, à l'exemple de tous ses compatriotes, et qui, depuis la paix, ne lui servait plus guère qu'à rogner ses ongles, complétait l'accoutrement primitif et plein de style de cet enfant des montagnes.

Le capitaine Thierry, monté sur un cheval tranquille et déjà vieux, s'avançait à vingt pas derrière le guide. Il portait l'uniforme de petite tenue de son arme : le képi, le frac à plastron de velours, le pantalon de coutil et l'épée. Une paire de lunettes aux verres bleus cachait ses yeux, dont l'expression la plus habituelle était la franchise. A le voir le corps affaissé, les deux mains posées sur sa selle et les jambes tournées en dehors dans une attitude aussi peu militaire que possible, on sentait qu'il lui était assez indifférent de passer pour un cavalier inhabile. Jamais, au surplus, le digne officier n'avait eu de prétentions à l'élégance; et c'était une chose heureuse, car il avait été, sous ce rapport, assez peu favorisé par la nature. Ses traits étaient communs, sans être grossiers; son corps était, en quelque sorte, ramassé sur lui-même. Il avait cependant de belles mains, et nous aurons tout dit sur son extérieur, en ajoutant qu'il était impossible de rencontrer une physionomie plus mélancolique, mais en même temps plus sincèrement ouverte que la sienne.

Noëmi, — tel était le nom de la fille du capitaine, — assise sur une mule, cheminait auprès de son père. Elle était de taille moyenne, et toute sa personne trahissait une sorte de langueur pleine de charme. Quoiqu'elle eût vingt ans accomplis, on ne lui en aurait pas donné plus de seize, tant il y avait de jeunesse sur son visage et dans son maintien. Elle avait le teint mat et satiné, les cheveux châtains, les yeux bruns, très-grands et très-doux, les lèvres exquises. Ses traits manquaient peut-être de cette régularité qui est une des conditions impérieuses de la beauté ; mais nul de ceux qui la connaissaient ne s'en était jamais aperçu, car la grâce, une grâce juvénile, tenait lieu de tout à cette suave jeune fille. Ce n'était pas seulement un air d'innocence et d'inoffensivité qui plaisait en elle, c'était surtout une expression de modestie et de bonté. Ce jour-là, afin de voyager commodément, elle portait une jupe très-ample, en mérinos gris, avec une veste ouverte et flottante de la même étoffe. Un grand burnous très-fin et d'un blanc soyeux, retenu sur sa poitrine par de grosses houppes, descendait derrière elle et cachait les coussins sur lesquels elle était assise ; enfin un chapeau de paille aux bords souples couvrait d'une ombre légère sa tête et le sommet de ses bras.

Un vieux nègre, également monté sur un mulet, suivait à quinze pas le capitaine et la jeune fille. Ce nègre à barbe grisonnante, né au Soudan et qui avait passé la majeure partie de son existence en Algérie, exerçait auprès de M. Thierry les importantes fonctions de cuisinier et répondait au nom de Faitha. Il portait le costume des Maures indigènes : le turban blanc, la veste de soie rouge aux manches ouvertes et les culottes larges, en coutil gris. A l'occasion du voyage qu'il entreprenait à la suite de son maître, il avait cru devoir ajouter à ce costume une paire de houseaux de cuir noir afin de protéger ses jambes contre les épines, et il tenait en main une cravache de trois pieds de long. Assis à califourchon sur le bât de son mulet chargé de cantines, il avait avancé ses jambes par-dessus les coffres qui renfermaient les vivres des voyageurs, et les extrémités de ses pieds arrivaient au niveau des longues oreilles de sa monture. Ainsi juché, Faitha avait un air de gravité comique qui l'eût fait prendre pour un marabout, si les bassines de cuivre et d'étain, les grandes cuillers de métal, le trépied en fer et les pincettes suspendus aux côtés de ses cantines n'avaient révélé à tous ceux qui pouvaient le rencontrer le secret de sa profession. Ces ustensiles, secoués par le mulet, produisaient un bruit perpétuel. Mais Faïtha paraissait avoir l'esprit absorbé par ses combinaisons culinaires et ne s'en apercevait même pas.

Sa nièce Ourida trottait à quelques pas derrière lui et fermait la marche. Cette négresse de vingt ans, qui remplissait auprès de Noëmi l'office de femme de chambre, était douée d'un excellent caractère; mais elle avait le malheur d'être fort laide. Il était difficile de la regarder sans sourire pendant que, accroupie sur son mulet, dans une pose simienne, et entourée des paquets volumineux renfermant ses hardes et la plupart des vêtements de sa maîtresse, elle se retenait des deux mains à la crinière de sa monture et baissait le front pour se garantir des rayons acérés du soleil levant. Ourida était enveloppée tout entière dans une grande pièce de cotonnade quadrillée, d'un bleu terne, appelée *moulaïa*, et ses yeux noirs, abrités par le pan de l'étoffe ployé sur sa tête, roulaient convulsivement, comme si elle avait éprouvé la crainte vague d'être précipitée de son mulet au moindre faux pas. Elle avait le nez camus, les dents déchaussées, les lèvres énormes, le teint d'un noir d'ébène, et de très-longues mains aux ongles violets. Un immense parapluie rouge accroché à la selle du mulet pendait à son côté comme un sabre le long de la cuisse d'un cavalier, et elle portait, enfilée au bras, une de ces petites caisses de bois léger, au ventre arrondi, dans lesquelles les femmes renferment leurs menus objets de toilette.

Le mois d'octobre est celui où souffle le plus fréquemment le sirocco dans le nord de l'Afrique. Ce vent empoisonné précède les premiers orages annonçant la saison des pluies. Mais cette saison, ce jour-là, quoique l'automne eût atteint déjà près de la moitié de son cours, ne semblait pas devoir encore se signaler. Pendant que les cinq voyageurs descendaient la rampe du rocher au flanc duquel est suspendu Milianah, plus d'un colon impatient de commencer ses labours interrogeait vainement les crêtes du Zakkar qui dominent la petite ville. A peine quelques vapeurs disposées en longues bandes planaient-elles au-dessus de la montagne. Les cimes alpestres se découpaient rigidement sur un ciel rougeâtre. On eût dit une haute muraille grise plantée devant un incendie.

Lorsque la petite troupe, après avoir atteint le pied du rocher, eut cheminé pendant une heure sur le plateau situé à gauche des défilés du Zakkar, le capitaine Thierry, qui jusqu'alors n'avait pas desserré les lèvres, se retourna soudain sur sa selle.

— Notre voyage commence sous de bien sombres auspices, dit-il à sa fille. La chaleur de ce vent du sud est insupportable, et je crains que tu ne sois sérieusement indisposée avant d'avoir atteint le Montararach.

— Ne vous inquiétez pas de moi, mon père, répondit avec enjouement la jeune fille. Je ne redoute pas la chaleur ; elle ne m'a jamais fait de mal. Pensez plutôt à vous qui êtes si mal à votre aise dans votre uniforme, et dont la tête n'est garantie du soleil que par un képi. Tenez : prenez mon mouchoir et placez-le sous votre coiffure... Pas comme cela, reprit-elle en souriant, car son père ne développait le mouchoir qu'à demi. Il faut qu'il tombe sur le cou pour le cacher entièrement. Et maintenant, ouvrez votre habit et desserrez votre cravate. Vous savez que vous devez m'obéir en tout. C'est moi qui suis le chef de l'expédition.

— Chère enfant ! répondit le soldat, si tous les officiers de l'armée avaient eu ta sollicitude, que de braves gens, morts de fatigue et de privations dans ce pays depuis trente ans, seraient aujourd'hui pleins de vie ! Mais il doit y avoir le feu dans ce maquis ! reprit-il avec inquiétude en se sentant subitement la face et les yeux brûlés, comme s'il se fût trouvé devant la bouche d'un four incandescent.

Et, se dressant sur ses étriers, il appela le guide qui marchait en avant, avec la sereine tranquillité d'une créature se mouvant dans son élément, et il lui demanda s'il n'y avait pas de danger à s'avancer plus loin sur cette route.

Le guide, quoiqu'il entendît très-bien le français, ne comprit pas d'abord la question. Lorsque le capitaine l'eut répétée sous une autre forme, il promena les yeux autour de lui, regarda successivement les crêtes du Zakkar et les premiers massifs de chênes de la forêt des Beni-Menasser, qui faisait face aux voyageurs, et, n'y apercevant rien d'inusité, il haussa les épaules, secoua gravement la tête, et se contenta de prononcer sentencieusement ces deux mots:

— *El gueubeli!*

C'était en effet le sirocco, le vent du désert, appelé *gueubeli* par les Arabes, qui, ne rencontrant pas d'obstacles sur ce haut plateau, s'y jouait librement et l'embrasait d'une poussière fine et sèche comme la cendre. Il n'y avait pas de moyen humain de s'en préserver. La petite caravane se remit en marche. Mais le capitaine, subitement énervé par le sable impalpable qui lui obstruait les narines, les yeux, et lui desséchait la gorge, ne cessa bientôt plus de regarder sa fille avec angoisse. A chaque pas, il s'attendait à la voir tomber de sa mule, foudroyée par cette chaleur qui augmentait d'intensité de minute en minute, accompagnée par un bruit lointain et profond qui semblait celui de la mer ou d'un orage excessivement éloigné.

La contrée que traversaient alors les voyageurs ne contribuait pas médiocrement à augmenter leurs appréhensions. Il était impossible de se représenter un site plus abandonné, plus morne, plus sauvagement grandiose. En arrière, en avant, de tous les côtés, des cimes de monts dénudés montaient dans le ciel. On eût dit un océan subitement pétrifié pendant le plus terrible effort d'une tempête. Les mons trueuses vagues paraissaient avoir été figées dans leur vol, avec les attitudes violentes et désordonnées dans lesquelles une solidification instantanée les avait surprises. Le ciel, d'une uniformité de teinte inquiétante et singulière, — il apparaissait alors comme épaissi par des voiles roussâtres superposés au-dessous de lui, — semblait descendre par un mouvement lent, comme si quelque force secrète l'eût impérieusement attiré vers les cimes des monts. Le soleil était blanc, blafard, et son disque pâli se découpait rigidement au milieu de la brume ardente. Les arbres de la forêt, très-espacés parmi les roches, n'abritaient ni broussailles, ni végétation d'aucune sorte. Les troncs noueux des chênes-liéges, des thuyas et des térébinthes s'élançaient d'un seul jet du sol dur et pierreux, tout parsemé de petits cailloux polis et luisants. Ce sol était si bien concréfié, qu'il semblait n'avoir jamais été humecté par une goutte de pluie. Par places, il était profondément crevassé, et de longues gerçures parallèles s'en allaient au loin sous les arbres. Et nulle trace de route, nul vestige de cultures, nulle habitation n'apparaissait, à perte de vue, sur ce triste plateau. Tout y était mort, silencieux. L'homme en était absent, comme les animaux. Aucun oiseau n'y passait, aucun insecte n'y bourdonnait. On y sentait partout la stupéfiante taciturnité de la nature livrée à elle-même.

Le sentier, étroit, contourné, fuyait entre les arbres et les roches, en décrivant d'interminables zigzags. C'était ce qu'on appelle en Algérie un « sentier arabe, » c'est-à-dire une sorte de piste faiblement indiquée par les pas successifs des hommes et des chevaux. Il fallait toute la sagacité de Maumenèsche pour reconnaître ce sentier sur la terre durcie, et le suivre sans jamais se tromper, dans ses innombrables détours. Le guide faisait en ce moment tous ses efforts pour se maintenir à la hauteur de sa vieille réputation de coureur. Malgré l'effroyable chaleur qui, à mesure que le soleil montait dans le ciel, devenait de plus en plus suffocante, il se tenait toujours à vingt pas devant les mules, la tête haute sous les rayons aveuglants, et balançant son bras armé du bâton. Les mules, comme si elles se fussent piquées d'honneur, allongeaient le pas, mais elles avaient peine à le suivre. Maumenèsche le savait bien, et cela le faisait sourire. Quant au capitaine et à Noëmi, malgré le vent qui les asphyxiait, ils ne pouvaient se lasser d'admirer l'agilité de leur guide.

Chacun d'eux faisait appel à tout son courage, instinctivement stimulé par l'exemple de rare énergie que leur donnait cet Arabe. Les nègres, moins éprouvés que leurs maîtres par le vent du sud, se laissaient doucement bercer par le pas cadencé des mules. De temps à autre, Maumenèsche fredonnait.

Vers midi, les voyageurs, étant arrivés à l'extrémité de la forêt, aperçurent de loin une troupe de soldats campés sous les arbres. Ces soldats étaient ceux que le capitaine avait fait partir de Milianah, la veille au soir, et qui composaient l'un des deux détachements destinés à l'accompagner au Montararach. Assaillis par le vent du sud sur ce plateau élevé, ils s'étaient arrêtés auprès d'une source pour laisser passer la plus forte chaleur du jour. Presque tous, accablés de fatigue et les traits altérés, dormaient d'un sommeil agité, couchés pêle-mêle avec les chevaux entravés, qui, tournant la queue au vent, portaient la tête basse et restaient immobiles comme des bêtes de pierre. Le capitaine, ayant mis pied à terre, demanda au sergent qui s'était empressé de venir à sa rencontre s'il avait des hommes malades. Il lui fut répondu que l'état sanitaire de la petite troupe était aussi satisfaisant qu'il pouvait l'être après une si longue marche et par un tel vent. Cependant les deux nègres et Noëmi avaient mis pied à terre à leur tour, et Faitha, ayant enlevé ses houseaux, s'était immédiatement occupé de préparer le déjeuner de ses maîtres. Noëmi s'était assise au pied d'un bethoun, auprès de la source ; elle avait enlevé son chapeau de paille, et, trempant son visage et ses mains dans une gamelle pleine d'eau que lui présentait Ourida, elle était parvenue à retrouver un peu de forces. La malheureuse enfant jusqu'alors n'avait pas laissé échapper une plainte ; mais elle se sentait brisée. Elle était dans un état d'inquiétude vague et d'exaltation nerveuse, dont elle n'avait jamais eu conscience. Son père ne se portait guère mieux. Depuis une heure, il ne se soutenait plus qu'avec peine. Il s'assit sans rien dire auprès de sa fille, la regarda, lui serra la main comme pour lui montrer qu'il était désolé de l'avoir exposée à tant de fatigues. Ils essayèrent de manger, mais ils ne le purent. Du copieux déjeuner servi par Faitha, ils ne prirent qu'une croûte de pain, quelques grains de raisin et du café. Le café les réconforta. Bientôt, appuyés tous les deux au tronc de l'arbre, épaule contre épaule, vaincus par la chaleur, ils se laissèrent aller au lourd sommeil qui les gagnait.

Maumenèsche, quoiqu'il fût depuis son enfance habitué au sirocco, n'avait guère été plus épargné que ses compagnons, par l'inexprimable malaise que ce vent meurtrier engendre chez l'homme. Quand il vit que le capitaine voulait faire halte auprès des soldats, il alla s'asseoir à l'écart, et, quand il eut posé son lourd bâton auprès de lui, il tira du capuchon de son burnous une petite galette et quelques figues sèches et se mit à les manger avec appétit. Ourida lui ayant apporté peu de temps après une tasse d'eau fraîche, il rendit grâces à la négresse, but cette eau lentement, en la savourant, et, se sentant alors suffisamment restauré par le repas frugal qu'il avait pris, il s'étendit tout de son long sur le sol brûlant, la face tournée du côté opposé au vent, et en moins de quelques secondes il prouva par de sonores ronflements qu'il était aussi bon dormeur que solide marcheur.

Un quart d'heure plus tard, le soleil continuant toujours à s'élever et le vent du sud à souffler, parmi les cent personnes réunies auprès de la source, il n'y en eut plus une seule d'éveillée sous les grands arbres.

II

LE GUÉ.

Il pouvait être quatre heures quand Maumenèsche s'éveilla. Il avait la face et les membres baignés de sueur. Il se leva immédiatement, se secoua et promena les yeux autour de lui. Bien que, pour des regards inexpérimentés, il n'y eût rien de particulièrement menaçant dans l'état de l'atmosphère, ce que vit le coureur le fit tressaillir. Le soleil était encore presque vertical; mais sa lueur s'était considérablement affaiblie. Le ciel apparaissait très-bas et d'une seule teinte parfaitement unie, couleur de rouille. Pas un souffle de vent n'agitait la cime des arbres, et la chaleur était cependant plus asphyxiante encore que dans la matinée. Vers le nord, le plateau s'étendait à perte de vue, totalement dégarni d'arbres, mais parsemé de bruyères flétries et de touffes de genévriers et de tamaris. A l'est, vaguement estompées dans la brume fauve, pointaient à l'horizon les cimes veloutées du Zakkar, et tout le sud semblait embrasé par une lumière fixe, sans reflets ni ondulations, comme si, de ce côté, sur un espace de plus de dix lieues, se fût élevée du sol une fumée vermeille et légère. C'était à l'ouest que, pour des yeux habitués à pressentir les changements de temps en Afrique, apparaissaient les signes les plus inquiétants. Là, à quatre lieues environ du campement, se dressait un piton aigu, sur les montagnes des Zougara. Ce pic de onze cents mètres, bien connu des Arabes du Tell sous le nom de Kef-el-Hamar, pointait tout droit dans le ciel, avec un angle vif, comme une pyramide, et, très-haut au-dessus de lui, un énorme nuage noir, aux flancs arrondis, était suspendu, semblable à un immense aérostat que la lumière frappait à revers. Ce nuage était si haut par-dessus le mont, et ses contours étaient si sèchement arrêtés, que Maumenèsche crut un instant à quelque bizarre effet de mirage renversant dans le ciel la forme d'une montagne. Mais il reconnut vite son illusion, et, se jetant alors parmi les soldats, il s'empressa de les éveiller, criant :

— En route ! en route ! la saison de la pluie va commencer ! il ne fera pas bon, cette nuit, pour « les enfants du péché, » dans la montagne !

Tout le camp fut immédiatement en rumeur. Les spahis, éveillés des premiers, avaient porté les yeux au ciel du même côté que Maumenèsche ; et aussitôt, inquiets comme lui, ils s'étaient empressés de stimuler le zèle des muletiers. Quelques-uns même, quoique cette action fût peu compatible avec leur dignité native, les aidèrent à charger leurs bêtes. Le capitaine, debout auprès de sa fille, regardait cette scène de confusion avec surprise ; mais le guide ne lui laissa même pas le temps de demander des explications. Tout en tirant par la bride le cheval de l'officier et la mule de la jeune fille, il se mit à crier de loin, dans son langage pittoresque et familier :

— En route, mon petit père (1), ou tu vas être

---

(1) *Baba*. Les Arabes sont assez prodigues de cette appellation caressante et familière. J'ai vu plusieurs fois des turcos l'employer en s'adressant à M. le général Yusuf.

submergé comme un poisson. Par la tête du Prophète, il y a loin encore d'ici au Montararach !

En cinq minutes, les tentes et les cantines furent chargées sur les mulets, et le départ se fit dans un grand tumulte. Chacun sentait un danger sur lui, sans pouvoir apprécier quelle en était la nature. Les sapeurs du génie, le sac au dos et le fusil renversé sur l'épaule, s'avançaient deux par deux à travers la bruyère. Les bêtes de somme les suivaient, avec les piles de coffres, de sacoches, de tentes empaquetées et de gamelles d'étain, brimbalant sur leur dos. Elles étaient tenues en main par les muletiers, vêtus de blouses grises, coiffés du bonnet de laine rouge, portant leur carabine en bandoulière. Les spahis aux burnous éclatants caracolaient à l'arrière-garde, et leurs chevaux laissaient derrière eux de longues traînées de poudre. Des cris, des hennissements, un bruit de pas précipités et de ferraille partaient incessamment de cette étroite colonne d'hommes et de bêtes, qui formait une ligne ondoyante et se profilait en noir sur le ciel. Le capitaine, sa fille et les nègres, précédés par Maumenèsche, marchaient rapidement sur une ligne parallèle, à la distance d'une demi-portée de fusil.

Ce fut avec la plus grande peine que le capitaine Thierry parvint à obtenir de Maumenèsche l'explication de ce départ qui ressemblait si bien à une fuite. Ce qu'il comprit, ce qu'il crut comprendre plutôt, à la réponse du guide, c'est que l'état de l'atmosphère, dans une telle saison, après six mois de sécheresse, lui faisait craindre un de ces orages terribles, particuliers à la région montueuse de l'Algérie, qui, en une heure, balayent tout devant eux. Dans l'idée de Maumenèsche, la tempête qu'il redoutait serait beaucoup moins violente au bord de la mer que dans la montagne ; c'est pourquoi il avait tant de hâte de gagner le littoral. D'ailleurs, à deux lieues environ en avant du Montararach, existait un *bordje*, ou grande maison fortifiée, dont le maître offrirait certainement aux voyageurs un abri pour passer la nuit. Tout en parlant et marchant à grands pas sur l'imperceptible sentier, Maumenèsche regardait toujours dans la direction du Kef-el-Hamar, et les signes nouveaux qu'il y voyait n'étaient pas faits pour le rassurer. L'énorme nuage, augmentant à chaque minute de pesanteur apparente et de dimension, s'abaissait lentement au-dessus du pic, et son ombre couvrait maintenant la base de la montagne d'une demi-obscurité livide. Le soleil avait disparu. La teinte rouge du ciel, se décolorant peu à peu, était devenue d'un gris de cendre. On eût dit que la nuit approchait, et la chaleur s'était détendue. Tout à coup, un grondement sourd et très-éloigné roula dans l'air. Il n'était guère plus fort que ne l'avait été le bruit du vent du sud pendant la journée, mais il semblait d'une autre nature. Le guide prêta l'oreille : tout était retombé dans le silence. Cependant il secoua les épaules et hâta la marche. Il avait pris alors une sorte de trot ou de pas allongé, et les mules, pointant les oreilles et reniflant, couraient pour le suivre.

Le capitaine, qui n'avait entendu que très-imparfaitement les explications de Maumenèsche, lui demanda à quels signes particuliers il avait reconnu l'approche de l'orage.

— A la hauteur du nuage, monseigneur (1), répondit Maumenèsche. Pendant la saison du soleil, il se forme fréquemment de grands orages dans le Sahara. Quand on se trouve sur les limites orientales du Tell, on en voit souvent deux, trois, quatre ac-

(1) *Sidi*. Les Arabes n'appellent ainsi que leurs supérieurs et les personnages considérables par leur position ou leur origine.

courir en même temps de divers côtés, mais les montagnes les repoussent. Ils glissent alors le long de la rampe et disparaissent dans la direction du Maroc, lorsqu'ils ne crèvent pas dans les plaines; mais, quand arrive le mois du sirocco (1), il paraît que les nuages deviennent plus légers. Alors, un jour, comme aujourd'hui, ils s'élèvent tout à coup très-haut par-dessus les monts et ils vont tomber dans le Tell... Tiens, monseigneur, regarde ! voilà le nuage qui touche le Kef-el-Hamar, et il va « lui manger la tête. »

Au moment même où le coureur se servait de cette image énergique autant que juste, le nuage, qui jusqu'alors n'avait pas cessé de descendre, venait en effet de toucher le sommet du pic, et, là, il commençait à tourner lentement sur lui-même, projetant sa masse énorme du côté du nord par un mouvement d'une formidable régularité. En même temps, au fond de l'horizon, d'autres nuages apparaissaient, montant à leur tour dans le ciel. Bientôt, sur la longue chaîne des sommets du sud, loin, très-

---

(1) C'est le mois d'octobre, appelé *tobre* par les Arabes. La fièvre particulière qui sévit à cette époque a pris le nom du mois. On l'appelle *lobria*.

loin en arrière du Kef-el-Halmar, se trouva superposée une autre chaîne de sommets brillants et dentelés, que leur blancheur et leur clarté faisaient ressembler à d'immenses glaciers couverts de neige.

— Oui, accourez ! disait Maumenèsche en brandissant son lourd bâton vers les nuages. Ouvrez le ciel sur nous ! Venez déraciner les arbres ! venez rouler les tentes dans la boue ! Nous, quand votre tonnerre éclatera, nous saurons maintenir nos âmes. La foudre ne tue pas, d'ailleurs. Il n'y a que la destinée qui tue !

Le capitaine, jusqu'alors, avait éprouvé moins d'inquiétude que de contrariété en voyant approcher l'orage. Il s'était dit que, s'il le surprenait en route, le détachement en serait quitte pour dresser ses tentes et camper jusqu'au lendemain sur le plateau ; mais, quand il entendit le guide s'exprimer avec tant de véhémence, il ne put s'empêcher de lui demander s'il redoutait quelque danger.

— Pas d'autre que d'être tous emportés par les eaux ! répondit Maumenèsche. Tu ne te doutes pas, mon petit père, des ravages que les premières pluies feront ici. Cette plaine élevée que nous parcourons sera changée en lac avant quelques heures. Personne de vivant n'en sortira. Si je te dis cela, reprit-il, ce n'est pas pour faire « jaunir ton visage. » Toi, tes soldats et moi, nous sommes « des enfants de la poudre. » Nous savons que la mort est une simple contribution frappée sur nos têtes. Mais ta fille, monseigneur, est une plante bien délicate...

— Au nom du Ciel ! interrompit le capitaine subitement effrayé, s'il en est ainsi, doublons le pas. Ces mules et mon cheval ne sont pas assez fatigués pour ne pouvoir fournir une course rapide pendant une heure...

— Et tes soldats ! reprit Maumenèsche. Les abandonneras-tu à l'effort des eaux ?

— Il a raison, se dit le capitaine. Mon devoir est de partager leurs dangers. Allons, ajouta-t-il en entendant un nouveau grondement de la foudre, j'ai été bien mal inspiré en exposant ainsi les jours de mon enfant !

Noëmi n'avait rien entendu de cette discussion qui s'était engagée à plus de vingt pas devant elle ; mais, quand son père, n'ayant plus rien à apprendre du guide, revint prendre place à son côté, elle fut frappée de l'air d'inquiétude empreint sur son visage.

— Que se passe-t-il donc, mon père ? lui demanda-t-elle. Souffrez-vous ? Je ne vous ai jamais vu les traits si altérés.

— Non, je ne souffre pas, mon enfant, répondit anxieusement le capitaine, ou plutôt il n'y a que mon cœur qui souffre. Il paraît que nous avons fait la faute de nous attarder sur cette route, et maintenant nos existences sont placées dans les mains de Dieu.

— Elles n'ont jamais cessé d'y être, mon père, répondit doucement la jeune fille. Et si nous sommes menacés de quelque danger, ce nous est une raison de plus de mettre en lui notre confiance. Dieu est bon, Dieu est juste; il ne nous abandonnera pas.

Le père ne put prendre sur lui de répondre un mot à sa fille. Seulement, dans le regard qu'il lui adressa, il y avait un monde de tendresse et d'infinie désolation.

Ils marchèrent ainsi pendant deux heures, se rapprochant de la mer et se maintenant toujours à quelque distance du détachement. Les muletiers, essoufflés, étaient alors montés sur leurs mules. Jambes deçà, jambes delà, ils se tenaient périlleusement accroupis sur les pyramides de coffres. Chaque spahi avait pris un soldat en croupe. Un très-petit nombre d'hommes seulement, plus robustes que les autres, s'étant débarrassés de leurs armes et de leurs sacs, continuaient à marcher, à l'exemple de Maumenèsche, et tous, en véritables Français qu'ils étaient, riaient, s'appelaient, et répondaient aux éclats de la foudre par des sarcasmes. Quelques-uns, à demi étranglés de chaleur, bien loin de redouter l'orage, le provoquaient à haute voix. Ils trouvaient que le ciel perdait trop de temps à gronder et ne se hâtait pas suffisamment de verser ses cararactes sur leurs têtes. Cela faisait sourire Maumenèsche. Presque lui seul, en effet, dans toute la troupe, pouvait savoir combien rapidement ces gens pressés allaient être satisfaits.

Vers six heures, après avoir péniblement gravi un monticule boisé qui masquait l'horizon, ils atteignirent la rampe du plateau ; alors, instinctivement, comme s'ils eussent été frappés de stupeur, ils s'arrêtèrent. Une scène émouvante et grandiose se développait devant eux.

C'était une vallée resserrée et profondément encaissée, de trois lieues de long, descendant du sud au nord, perpendiculairement à la mer, fermée au sud par la base toute ronde du Kef-el-Hamar, à l'est par les pentes abruptes de l'aghalik des Zatyma, à l'ouest par celles du territoire des Beni-Haoua, et formant dans le massif méditerranéen une énorme fissure transversale s'évasant comme un éventail de plus d'une lieue d'envergure.

Cette vallée tout entière était occupée par le lit, alors à sec et jonché de cailloux roulés, d'une rivière bien connue des Arabes sous le nom d'oued Dhamous. Elle se bifurquait au pied du Kef-el-Hamar, et ses bras remontaient en s'amincissant sur chacun des côtés du pic, qu'ils enserraient comme une ceinture. Les berges de cette rivière tarie étaient hautes de quatre cents pieds, parsemées de bruyères et de lentisques, et de nombreux affluents, tous desséchés, se contournant du haut en bas de leurs pentes, allaient rejoindre l'immense lit de cailloux blancs qui s'étalait en s'élargissant sur plusieurs mètres d'épaisseur, depuis le Kef-el-Hamar jusqu'à la mer.

Cet ensemble plein d'âpreté se composait de quatre tons d'une violence extraordinaire. La mer était d'un bleu très-dur, presque noir; le lit de l'oued Dhamous, d'un blanc de craie; ses rives escarpées étaient d'un fauve roussâtre tacheté de vert ; et le ciel, alors considérablement abaissé, avait pris une teinte livide de vert-de-gris. Juste au milieu de l'ouedDhamo us et droit en face des voyageurs, deux longues îles rocheuses s'élevaient à la suite l'une de l'autre, séparées par un détroit d'environ vingt pieds. Toutes deux verdoyantes et de dimensions inégales, elles avaient une forme alanguie. On eût dit, à les voir de loin, deux grands vaisseaux sans mâts échoués sur des ondes blanches ; et ce qu'il y avait de plus sinistre dans ces ondes étranges formées de larges blocs de pierres entassés entre des monts d'un vert fauve, c'était leur immobilité.

Au moment même où les voyageurs arrivèrent au bord de la rampe, les nuages, s'abaissant soudain, couvrirent le pic depuis le faîte jusqu'à la base, et le dernier et douteux rayon du soleil s'éteignit. Un vent puissant qui venait du sud s'engouffra dans la vallée et la remplit de bout en bout d'un flot de poussière. La mer, à droite, apparaissait toute plate, semblable à une plaque d'acier assombri. Tout à coup, aux roulements plus sonores et plus prolongés de la foudre, se joignit un bruit continu d'une espèce particulière qui ressemblait au raclement des flots sur une grève jonchée de galets. On vit alors l'énorme lit de cailloux blancs s'ébranler lentement, avec un mouvement régulier, sans être accompagné d'eau visible, et le torrent de pierres se mit à couler vers la mer, fouetté, de place en place, par de larges gouttes de pluie.

Le capitaine et sa fille étaient restés terrifiés devant ce spectacle ; mais le guide ne leur permit pas de le contempler.

— Tu es le maître, dit-il à l'officier, et moi, je suis ton serviteur ; mais tu sauras que nous devons traverser à gué cette rivière, et, avant un quart d'heure, la route nous sera barrée.

Il se mit alors à descendre, sautant de pierre en pierre sur la berge, à travers la haute bruyère, et la petite troupe le suivit.

Le sentier que Maumenèsche avait choisi n'était autre que le lit d'un torrent à sec aboutissant, quatre cents pieds plus bas, au bord de l'oued Dhamous, juste en face de la première île. Ce sentier, étroit, raviné, contourné en spirale, était d'une telle roideur, que les mules et le cheval du capitaine y trébuchaient à chaque pas. On les voyait, les reins abaissés, avancer prudemment un de leurs pieds de devant, et puis l'autre, et les cailloux qu'ils détachaient du sol en marchant allaient rouler au bas du talus. Le guide avait repris sa place, en avant, et les quatre personnes qu'il escortait s'avançaient à la suite les unes des autres. A leur droite, trois cents pas plus loin, les soldats suivaient le lit d'un autre torrent qui débouchait en face de la seconde île. Les innombrables ressauts du chemin les obligeaient constamment à passer les uns au-dessous des autres, et ils s'interpellaient alors en riant et en plaisantant. Cependant le ciel s'abaissait encore, et maintenant, presque à chaque minute, les éclairs secouaient leurs nappes de feu dans l'amas de vapeurs qui cachaient le Kef-el-Hamar. Le bruit de la rivière augmentait. On voyait les cailloux brunir en roulant, et de minces filets d'argent serpentaient entre eux, première et faible apparition de l'eau qui descendait du ciel sur les sommets disparus de la montagne. Soudain, au moment même où les voyageurs atteignaient le milieu de la descente, une vague bourbeuse accourut avec la rapidité d'une trombe et glissa sur le lit de pierres ; puis, comme si elle eût été aussitôt absorbée par le sol béant de chaleur, elle s'affaissa sur place avant d'avoir atteint la mer et disparut.

— Tiens ! monseigneur, dit alors le guide en continuant à marcher à grands pas dans la bruyère, tu as devant les yeux la cause qui empêchera toujours le Français de coloniser l'Algérie. Cette rivière que tu vois, qui descend des montagnes par une pente rapide, ressemble à toutes nos autres rivières. Elle ne renferme pas une seule goutte d'eau pendant l'été ; mais, en revanche, elle en est toute pleine pendant l'hiver, et le malheur, c'est qu'elle ne peut pas la garder. Quand la pluie tombe comme elle va tomber tout à l'heure ici, elle entraîne tout avec elle : les arbres, les buissons, la terre cultivable, et elle ne laisse à leur place qu'un manteau de pierres. Au moindre orage, des masses d'eau subitement rassemblées dévastent sans arroser, inondent sans rafraîchir, et la terre, après elles, demeure plus désolée de leur passage qu'elle ne l'était de leur absence. Ainsi, la sécheresse dans l'été, l'inondation dans l'hiver ! Essaye donc de cultiver.

Le capitaine n'entendit cette longue apostrophe que par fragments ; mais il en saisit bien le sens, et son esprit d'homme pratique lui montra surabondamment que le guide parlait avec vérité. Tout en s'arc-boutant sur les reins pour soutenir son cheval qui bronchait à chaque pas sur le chemin difficile, il se disait :

— Cet Arabe raisonne juste ; mais, avec quelques endiguements, des écluses, des réservoirs ménagés sur les pentes et des plantations d'arbres sur les sommets, je me chargerais bien d'avoir raison de toutes les rivières de son pays. Il ne faudrait que quelques millions pour cela, et on les retrouverait facilement dans la plus-value de la terre. Je soumettrai certainement ce projet au ministre, quand j'aurai terminé les travaux du Montararach.

Pendant qu'il méditait ainsi, le capitaine continuait à suivre son guide ; mais il ne s'apercevait pas que sa fille et ses deux domestiques l'avaient quitté. Depuis qu'elle était arrivée devant l'oued Dhamous, Noëmi, oubliant le danger qui la menaçait ainsi que ses compagnons de route, était restée dans une sorte de saisissement causé par la grandeur du spectacle qui s'étendait devant elle. Elle n'en pouvait détacher ses yeux. Chaque pas qu'elle faisait en descendant vers la rivière lui découvrait quelques nouveaux détails de l'immense paysage, et la foudre qui l'éclairait de lueurs sinistres contribuait encore à le poétiser. Peu à peu, regardant toujours au loin devant elle, elle ne remarqua pas que sa mule avait dévié vers la gauche : les nègres la suivaient toujours, sans mot dire, suffisamment préoccupés qu'ils étaient par la nécessité de soutenir leurs montures. Il arriva enfin un moment où la jeune fille se trouva loin du sentier frayé, au milieu de très-hautes touffes de lentisques. Alors elle promena rapidement ses regards autour d'elle, et, n'apercevant plus les soldats, ni le guide, ni son père, elle éprouva une émotion subite qui ressemblait un peu à la peur.

— Je crois que nous sommes égarés, Faitha, dit-elle au cuisinier, qui, à demi renversé sur le dos de sa mule, s'efforçait de maintenir autour de lui les nombreux ustensiles de sa profession que les broussailles accrochaient. Je vous en prie, appelez mon père, ou courez en avant pour chercher le sentier. Autant qu'il m'est possible de me le rappeler, il doit être quelque part ici, vers la droite. Allez, mon bon Faitha, et faites vite ; car l'orage se rapproche, et nous allons être bientôt plongés dans l'obscurité.

Mais le nègre, malheureusement, n'était pas doué

de l'instinct de l'orientation, et d'ailleurs il était trop préoccupé par la nécessité de veiller sur son bagage, pour pouvoir s'occuper d'autre chose. Il s'ensuivit que, au lieu de descendre vers la droite, ainsi que sa jeune maîtresse le lui avait recommandé, il remonta vers la gauche, et, assourdi par le tonnerre, aveuglé par les flots de poussière qui tourbillonnaient autour de lui, il s'égara de son côté, et, ne sachant par où se diriger pour retrouver ses compagnons, il se mit tout à coup à pousser des cris effrayants, dans l'idée qu'ils pourraient attirer l'attention de Maumenèsche.

Le guide et le capitaine venaient précisément de s'apercevoir de la disparition de la jeune fille et des domestiques, quand ils entendirent les hurlements du cuisinier. Le premier s'élança aussitôt dans la direction de la voix, et, dès qu'il eut aperçu Faitha :

— Ta tête grise ne contient-elle plus que du vent ? lui cria-t-il, ou bien es-tu un morceau de bois pour flotter sur l'eau ? Vieux fou ! pourquoi ne m'as-tu pas suivi ? Et qu'as-tu fait des femmes ? ajouta-t-il en voyant que le nègre était tout seul dans le maquis.

— Je crois qu'elles sont là, par ici ? répondit Faitha, de plus en plus ahuri et n'ayant plus conscience de ce qu'il disait.

— Où ? cria le coureur en embrassant tout l'espace visible dans un seul regard.

Et, n'apercevant rien que la solitude embrasée d'éclairs, il gravit lestement une éminence, regarda encore et découvrit enfin la jeune fille et la négresse, que le capitaine venait de rejoindre.

— Allons ! fit-il alors en se jetant sur la bride du mulet et le tirant derrière lui à travers le hallier, sans accorder la moindre attention aux protestations de Faitha, dont la face était lacérée par les branches. Allons ! il paraît qu'il était écrit que nous ne coucherions pas ce soir dans nos lits. Voilà l'oued Dhamous qui commence à couler maintenant. Malheur au fils de mon père !

Le tonnerre, en ce moment, faisait un tel vacarme dans la montagne, que le guide, en repassant devant le capitaine et la jeune fille, n'essaya même pas de leur dire de se hâter. Il se jeta dans le sentier en leur faisant signe de le suivre, et la descente s'accomplit avec une rapidité vertigineuse, les mules ne marchant plus, mais faisant de grands sauts à travers les lentisques, stimulées qu'elles étaient par l'instinct de leur propre conservation.

Un quart d'heure s'était alors écoulé depuis que les voyageurs, arrêtés au bord du plateau, avaient aperçu la rivière, et cet espace de temps avait suffi pour apporter de terribles changements dans l'état des choses. Le vent qui s'engouffrait dans l'étroite vallée soulevait du sol desséché des nuages de poudre et les poussait vers la mer, qui commençait à s'émouvoir et à respirer. Tous les sommets de l'horizon avaient disparu. On ne distinguait plus, du côté du sud, qu'un amas de vapeurs noires, d'où partaient, à chaque seconde, des coups de tonnerre qui se répercutaient dans la montagne en s'exagérant. A la place occupée par l'énorme base du Kef-el-Hamar se tordaient rapidement sur eux-mêmes deux sillons d'écume. Quant à l'oued Dhamous, au bord duquel stationnaient maintenant, séparés par la distance d'une demi-portée de fusil, les deux groupes formés par la colonne de soldats et les quatre personnes rassemblées autour de Maumenèsche, il s'était considérablement élargi. Il présentait une surface toute blanche de plus de trois cents pieds de front, qui roulait convulsivement entre deux hautes murailles sombres, entraînant avec elle les flots limoneux de plus de cinquante affluents reçus à droite et à gauche. Toutes les pierres de son lit étaient submergées, et le fracas des vagues rapides qui s'avançaient en sautant comme un immense troupeau de moutons, et charriaient et entrechoquaient des blocs de rocher dans leur course, équivalait à celui d'un millier de roues de moulin battant une eau furieuse.

Malgré la pluie, qui maintenant tombait serrée et toute droite, — une pluie chaude et diluvienne, sous laquelle fumait la terre embrasée, — le guide avait tout vu d'un coup d'œil. Il se retourna soudain vers ses compagnons.

— Par la tête de Notre-Seigneur Jésus-Christ, qui est le vôtre (1), s'écria-t-il, hâtez-vous tous, car il y va de votre vie maintenant !

Ce disant, il se suspendit aux crins du cheval du capitaine, qui déjà s'avançait dans l'eau, suivi de tout près par les mules.

Heureusement pour les voyageurs, l'eau n'était pas encore très-profonde. A peine s'élevait-elle jusqu'au ventre de leurs montures ; mais le passage était difficile, le lit de la rivière étant, comme on le

(1) Sidna-Aïssa. Les Arabes ont une grande vénération pour lui.

sait, tout rempli de pierres, entre lesquelles existaient de grands trous. Les mules, malgré la sûreté de leur pied, ne pouvaient s'empêcher de glisser sur ce fond inégal ; elles soufflaient avec colère, regimbaient devant les vagues et buttaient à chaque pas contre les amas de cailloux. C'était une chose véritablement émouvante pour les soldats qui les entrevoyaient de loin, que ces cinq personnes s'avançant au milieu de l'onde en tumulte. Le ciel les couvrait incessamment de larges éclairs bleus et roses ; la lourde pluie, la pluie compacte, serrée, crépitante, ruisselait sur elles toute droite ; et toutes, le dos courbé, la tête rentrée dans les épaules, se dirigeaient instinctivement, secouées par les bonds des mules, vers l'île verdoyante qui leur apparaissait comme un refuge. Noëmi, dès qu'elle avait senti sur son front les premières gouttes, s'était enveloppée la tête et la poitrine de son burnous ; mais ce léger vêtement la garantissait à peine. Son père supportait avec la philosophie d'un soldat les rafales de pluie qui le traversaient, et, les yeux tournés de côté, surveillait attentivement sa fille, prêt à courir, si besoin était, à son secours. Maumenèsche, toujours suspendu aux crins du cheval du capitaine, bondissait avec lui dans l'eau et stimulait son ardeur en l'apostrophant énergiquement dans sa langue natale. Lui seul, parmi tous ceux qui se trouvaient là, pouvait apprécier l'étendue du danger ; mais, habitué depuis longtemps, presque chaque jour, à exposer son existence sur un mot de ses chefs, il ne montrait aucune inquiétude. Il n'en était malheureusement pas ainsi des deux nègres. Le mulet de Faitha, étant lourdement chargé, se tenait un peu en arrière, et l'infortuné cuisinier, partagé entre le désir légitime de sauver sa vie et celui non moins grand de conserver ses ustensiles, criait et se démenait au milieu des flots, excitant sa monture à coups de cravache, et portant les deux mains tout autour de lui pour s'assurer que son lourd bagage de bassines et de pots résonnants était toujours à sa place. Quant à Ourida, de même que toutes les femmes de sa race, elle avait une peur d'être mouillée qui tenait de la démence. Aussi, dès les premières gouttes qu'elle avait senties sur elle, s'était-elle empressée d'ouvrir son immense parapluie rouge ; mais elle avait compté sans la rage du vent, qui l'avait immédiatement retourné, et glapissant, ahurie, cramponnée d'une main au bât du mulet, de l'autre retenant à grand' peine le parapluie que le vent secouait et tordait dans l'air, elle offrait l'image à la fois ridicule et navrante d'une créature inoffensive sur laquelle s'acharnent les éléments furieux. Ce spectacle faisait pouffer de rire les soldats, qui, trois cents pas plus bas, traversaient aussi la rivière, guidés par les spahis, et se dirigeant vers la seconde île. Eux, du moins, n'avaient peur de rien. Ils s'ébaudissaient tous joyeusement, entre les cataractes qui tombaient du ciel et les vagues du torrent qui leur rafraîchissaient le corps, après une journée de chaleur torride et de fatigue. Le guide, qui les suivait de l'œil, les entrevoyait confusément, à travers les rideaux de pluie, les uns juchés sur leurs hautes selles, parmi les coffres, les autres plongés dans l'eau jusqu'au ventre, accrochés des deux mains à la queue des mulets, tous courant, trébuchant, riant et se poussant dans un désordre indescriptible. Pendant ce temps, la foudre continuait toujours à gronder, le vent à mugir, la pluie à ruisseler, fouettant le sol et l'eau, en crépitant, par nappes, par flots, et la rivière, incessamment grossie, à rouler convulsivement ses ondes d'écume. Il ne s'était pas encore écoulé une heure depuis que les nuages avaient subitement crevé; trois lieues plus haut, sur la montagne, et il y avait déjà plus d'un mètre d'eau courant de large en large entre les berges élevées de l'oued Dhamous. Enfin, au moment même où le capitaine et sa suite atterrissaient à la première île, la troupe des soldats abordait la seconde. Mais leur salut n'était pas là ; ils le savaient tous. Il leur fallait d'abord traverser ces îles, puis le second bras de l'oued Dhamous, pour atteindre la côte élevée qui remontait sur l'autre bord, en s'avançant au nord dans la mer comme un immense promontoire. Ils traversèrent les îles en courant ; mais, quand ils furent arrivés sur la rive du second bras, ils s'arrêtèrent. Une épouvante soudaine les cloua au sol. Le guide se jeta à la tête de la mule que montait la jeune fille, le capitaine retint son cheval des deux mains, les nègres s'étaient déjà laissés glisser à terre et poussaient des cris de terreur. Et dans la seconde île les soldats éperdus couraient et s'appelaient, dispersés le long de la rive, cherchant vainement un gué qui leur permît d'atteindre l'autre bord. Devant eux l'immense rivière, démesurément grossie par ses affluents, roulait avec un horrible fracas, charriant des buissons, des arbres, des pierres, des tentes, des cadavres de bestiaux, des toits de chaume, jusqu'à de grands lambeaux de terre où s'épanouissaient des touffes de lauriers en fleur. Elle sautait tout d'une masse, bondissait, resplendissante sous les éclairs, fulgurante dans ses guirlandes d'écume, fouettée par les ondées furieuses, mille fois plus assourdissante que la foudre même, et, superbe, terrible, irrésistible, elle arrachait, emportait et balayait tout devant elle.

— Qu'allons-nous devenir, grand Dieu ? s'écria douloureusement le capitaine.

— Il faut passer la nuit ici, dit Maumenèsche.

III

LES DEUX ILES.

La bande de terre sur laquelle les cinq voyageurs se trouvaient ainsi prisonniers n'avait pas plus de cent pieds de long sur trente de large. Elle s'élevait au-dessus des eaux, dans la forme d'un gigantesque dos de chameau, et quelques blocs de rocher entassés sur elle représentaient assez exactement, de loin, la bosse de cet animal. La seconde île sur laquelle avaient abordé les soldats était plus longue et beaucoup plus haute, et le détroit qui la séparait de sa voisine était rempli d'eau jusqu'aux bords.

La première chose que fit Maumenèsche, quand il vit qu'il fallait renoncer à traverser le second bras de l'oued Dhamous, fut d'entraîner ses compagnons vers un abri qu'il connaissait et qui devait suffire à les garantir de la pluie. Cet abri n'était autre qu'une grotte spacieuse située au centre de l'île, et qui servait depuis longtemps de lieu de refuge aux pâtres du voisinage pendant les froides nuits de l'hiver. Vingt personnes auraient pu facilement y tenir à l'aise, et de larges pierres superposées vers le milieu, dans toute la hauteur, la partageaient en deux réduits de dimensions à peu près égales.

Pendant que les voyageurs se secouaient, s'épongeaient et commençaient à se sécher à la flamme d'un feu que Faitha avait allumé en se servant de quelques fascines déposées au fond de la grotte, Maumenèsche s'empressa de décharger les bêtes de somme et de mettre à l'abri de la pluie les bagages et les cantines. Puis il débarrassa les mulets de leurs bâts et le cheval de son harnais, et, les chassant enfin devant lui, il les abandonna aux intempéries de la saison, ne jugeant pas nécessaire de les entraver dans cette île qu'ils ne pouvaient pas plus quitter que lui-même. Après cela, il se tourna vers le capitaine, qui se montrait impatient de s'enquérir de ses soldats, et il lui dit qu'il était prêt à le conduire aussi près d'eux que possible.

Les soldats, voyant approcher leur chef, se portèrent tous à sa rencontre. Mais, dès qu'ils furent arrivés au bord du détroit, ils comprirent que tout espoir de le rejoindre devait être momentanément abandonné. En effet, le courant principal de l'oued Dhamous qui passait dans le second bras se précipitait sur une pente rapide entre les deux îles pour atteindre le niveau un peu plus abaissé du premier bras, et sa vitesse, aussi bien que sa profondeur, rendait toute tentative de passage impossible.

— Êtes-vous tous réunis sains et saufs ? demanda le capitaine au sergent, qu'il reconnut à vingt pieds de lui, de l'autre côté de l'eau, en formant une sorte de porte-voix avec ses deux mains, pour dominer le bruit assourdissant de la rivière.

— Oui, tous, mon capitaine, répondit le sergent. Et nous n'avons perdu ni un cheval ni un mulet. J'espère qu'il en est de même de vous, mon capitaine ?

L'officier ayant répondu par un signe affirmatif, le sergent reprit en haussant la voix :

— Nous avons toutes les tentes avec nous : comment pourrions-nous vous en faire passer quelques-unes ?

— N'y songez pas, répondit l'officier. Vous n'y parviendriez pas. D'ailleurs, nous n'en avons aucun besoin. Il y a une grotte suffisante pour nous loger tous dans cette île.

— Tant mieux, mon capitaine ; mais avez-vous des vivres ?

— Oui. Et vous ?

— Les hommes et les mules en ont pour trois jours.

— Économisez-les. Faites dresser les tentes. Que personne ne reste exposé à cette pluie. J'espère que la nuit se passera sans accidents nouveaux. Demain, au petit jour, si le niveau de cette maudite rivière a baissé, tenez-vous tous prêts à partir.

— Très-bien, mon capitaine. Bonne nuit !

L'officier répondit par un signe de la main, et, pendant que les soldats se retiraient en courant vers le centre de leur île pour se réfugier sous les tentes, il reprit le chemin de la grotte, suivi de Maumenèsche.

— Si tu penses traverser la rivière demain matin, monseigneur, je crois que tu te trompes, lui dit tout à coup le guide.

— Quand donc, alors, crois-tu que nous pourrons sortir d'ici ?

— Qui le sait ? reprit le coureur. C'est écrit ! mais, tant que la pluie tombera sur les montagnes des Zougara, il nous faudra fortifier nos cœurs avec la patience.

— Et n'y a-t-il pas de danger de voir cette île submergée par les eaux ? demanda le père effrayé.

— Tout est possible à Dieu, répondit simplement l'Arabe. S'il a résolu de nous noyer tous, bien sûr il le fera sans que nous puissions nous soustraire à notre destin. Cependant je ne pense pas que nous ayons rien à craindre cette nuit. Tu pourras donc dormir tranquille.

En ce moment, la pluie tomba avec un redoublement d'intensité, et les deux hommes interrompirent leur conversation pour se réfugier dans la grotte.

Il serait superflu de dire à quel point le capitaine Thierry se sentait inquiet. Les dernières paroles du guide lui revenaient sans cesse à l'esprit ; mais il ne crut pas devoir l'interroger de nouveau, dans la crainte d'effrayer sa fille. Noëmi, pendant la courte absence de son père et de Maumenèsche, avait pu changer de vêtements, grâce à la précaution d'Ourida. La soigneuse servante, en effet, n'avait pas voulu laisser les muletiers se charger des hardes de sa maîtresse, elle les avait emportées avec les siennes, veillant sur elles, tout le long de la route, avec au moins autant de sollicitude que Faitha en montrait pour ses provisions de bouche. Lorsque le capitaine rentra dans la grotte, il trouva donc sa fille vêtue d'une robe de laine, assise sur une cantine, et occupée à sécher ses petits pieds devant le feu. A sa grande surprise, elle lui parut tout à fait rassurée, presque joyeuse. Pendant que le cuisinier échafaudait ses casseroles de campagne sur la braise ardente, que la négresse, s'étant retirée au fond du second réduit, changeait de vêtements à son tour, et que Maumenèsche, se secouant comme un chien mouillé, exposait à la flamme du foyer son burnous ruisselant de pluie, elle fit place à son père, lui essuya la face, les cheveux et les mains, le pressa de se sécher en demeurant assis devant le feu, et, caressante, attentionnée, elle fit tout ce qu'elle put pour lui faire prendre gaiement leur commune mésaventure.

— N'est-ce pas une chose heureuse, lui dit-elle en l'aidant à se dépouiller de son habit pour le couvrir d'un caban d'uniforme, que nous ayons trouvé ici un abri ! Songez donc à ce que nous serions devenus, s'il nous avait fallu passer la nuit exposés à cette pluie, sans pouvoir allumer de feu et sans vêtements de rechange ? Les soldats ont toutes les tentes avec eux ; ils ne souffriront pas du mauvais temps, cela doit vous faire plaisir. Quant à nous, à ce que dit Faitha, il paraît que nous allons faire un très-bon dîner ; car nous ne manquons pas de provisions, et nous avons du vin, du café...

— Tu prends bien philosophiquement les choses, mon enfant, interrompit le capitaine. Pour moi, je ne serai rassuré que lorsque nous aurons pu traverser cette rivière endiablée. Ah ! pourquoi t'ai-je emmenée avec moi ! reprit-il en laissant échapper un geste de douleur.

— Mais pour ne pas nous séparer, pour que je prenne soin de vous, comme c'est mon devoir de le faire. Allons, cher père, déridez ce front soucieux, ou votre Noëmi va vous gronder.

Un effroyable coup de tonnerre lui ôta la parole. L'éclair avait été si brusque, si lumineux, et la détonation le suivit de si près, qu'ils crurent tous que leur dernière minute était arrivée, et, quelque temps, ils restèrent immobiles à se regarder en silence. Lorsque le vacarme eut cessé après de lourds rebondissements, le capitaine avait les sourcils contractés et les deux nègres semblaient pétrifiés par la terreur. L'Arabe seul continuait à tenir son burnous suspendu devant le feu, et pas un muscle ne remuait sur sa face. Quant à Noëmi, elle était subitement devenue très-pâle, et, la tête baissée, les mains jointes, elle murmurait une fervente prière.

A partir de ce moment, quoique la pluie continuât toujours à tomber et la rivière à mugir, la foudre ne cessa de s'éloigner, et on ne l'entendit bientôt plus que par grondements étouffés, roulant majestueusement sur les abîmes de la mer.

Cependant, le cuisinier ayant annoncé que le dîner était prêt, le père et la fille, précédés de la négresse, qui tenait une bougie à la main, passèrent dans la seconde chambre de la caverne. La nappe fut déployée sur deux cantines rapprochées, qui devaient faire l'office de table. Les convives s'assirent, tant bien que mal, chacun sur le bât d'un mulet, et, la fatigue aidant, ils purent faire honneur au repas conditionné par Faitha avec une science qui méritait les plus grands éloges. Ni le piment ni le safran ne manquaient à ses sauces, et le vin de Bordeaux qu'il servit ne parut que meilleur pour avoir été quelque peu échauffé pendant la route. La négresse, toujours silencieuse, apportait les plats et changeait les assiettes. Quant au guide, après s'être enveloppé dans son burnous, il s'était accroupi sur les talons à quelques pas de la table improvisée, et grignotait une de ces petites galettes assaisonnées de cumin, dont les Arabes ont toujours été très-friands, et que Faitha lui avait donnée avec quelques olives confites dans une huile brune. Ni les instances du capitaine ni celles de sa fille ne purent le décider à prendre place à côté d'eux.

— Chacun a ses habitudes, mon petit père, répondit-il à M. Thierry, qui le pressait pour la dixième fois d'accepter un quartier de poulet. Toi, tu peux te remplir le ventre, parce que tu as un cheval pour te porter. Il n'en est pas ainsi de moi, qui suis mon cheval à moi-même. Si je mangeais autant que toi, mes flancs épaissiraient, mes jambes s'alourdiraient, et les vieilles femmes de sa tribu montreraient au doigt Maumenèsche.

— Elles peuvent bien le montrer au doigt dès aujourd'hui, interrompit Faitha, qui, de sa cuisine, avait entendu le causeur et lui gardait rancune de l'avoir traité de vieux fou. Tu dis toujours que les chevaux ne te valent pas pour le pied, et tout à l'heure tu n'as pu traverser la rivière qu'en te suspendant aux crins du cheval de mon père. Ah! ah! la tête de Faitha est grise, mais il a encore de bons yeux.

— Que dit ce fils de berger ! répondit Maumenèsche avec un air de dédain. Si tu avais de bons yeux, comme tu dis, reprit-il en se tournant vers l'ouverture qui réunissait les deux chambres de la caverne, tu aurais vu que je n'ai touché le cheval que pour le faire avancer plus vite.

— Ah ! çà, c'est bon ! dit alors Ourida, blessée de voir son oncle traité de « fils de berger. » Le cheval te portait très-bien, je l'ai vu, et tu sautais à côté de lui, afin de ne pas te mouiller ; car tu sais que l'eau n'est pas bonne du tout, Maumenèsche.

Le guide, en sa qualité de railleur, n'aimait point à être raillé. Il aimait encore moins qu'on le prît en faute au sujet des chevaux. Cependant il répondit affectueusement à Ourida, car la fréquentation des Européens avait eu ce résultat de lui inspirer une certaine déférence pour les femmes.

— Ton nom, dit-il, signifie *petite rose*. Depuis quand les fleurs parlent-elles ? Crois-moi, ma fille, il vaudrait mieux pour toi boire ta langue, que de comparer les hommes aux chevaux.

Ourida, moitié contente et moitié fâchée, se tira d'affaire avec un argument de femme. Elle leva les épaules et dit :

— Les chevaux sont des oiseaux qui n'ont pas d'ailes.

Maumenèsche semblait contrarié de cette discussion. Afin d'y couper court, il se tourna vers le capitaine, qui le pressait de nouveau de partager son dîner, et lui dit que, pour ne pas paraître impoli, il acceptait une tasse de café. Le café avait été préparé par Faitha, selon les règles suivies de toute ancienneté par les Maures. Le cuisinier l'avait fait très-légèrement griller lui-même, puis il l'avait soigneusement concassé, et, après l'avoir laissé convenablement reposer dans l'eau bouillante, il y avait ajouté quelques gouttes d'eau de rose, dont l'arome, mêlé à celui de la fève odorante, embaumait la caverne d'un parfum délicieux. Maumenèsche, par un raffinement, inusité chez lui, de sensualité, crut pouvoir joindre à son café le luxe d'une cigarette. Cela tenta le capitaine, qui, pressé par sa fille, se mit à fumer aussi, quoiqu'il en eût peu l'habitude ; et, le couvert ayant été enlevé par Ourida, pendant que les nègres dînaient à leur tour dans la cuisine, les deux hommes et la jeune fille, assis devant la porte de la grotte, se mirent, un peu moins désespérément cette fois, à regarder tomber la pluie.

Ce qu'ils entrevoyaient de leur place se réduisait à peu de chose. La nuit était tout à fait venue, et, ni la lune ni les étoiles ne pouvant percer l'épaisseur des nuages, l'obscurité noire et compacte s'étendait de toutes parts. La bouche de la caverne s'ouvrant du côté du nord, la seconde île où les soldats étaient campés se trouvait devant elle; mais on n'y pouvait rien distinguer, si ce n'étaient quelques pâles lueurs disséminées sous les tentes mouillées. Cependant, quand un éclair éloigné empourprait les nues, l'île haute apparaissait tout à coup comme une masse sombre étalée au milieu d'une eau toute blanche, mais elle s'abîmait aussitôt. Il y avait déjà quelques instants que le capitaine contemplait ce spectacle fantasmagorique, quand, en portant les yeux dans la direction de l'ouest, sur la côte élevée que le détachement n'avait pu atteindre, et qui se prolongeait à deux lieues de là, vers l'embouchure du Montararach, il crut y voir briller une faible lumière. Elle scintillait comme une étoile, et elle était si haut placée, qu'on eût dit qu'elle touchait le ciel.

— Y aurait-il un phare sur cette côte ? demanda-t-il à Maumenèsche. Quel est ce feu qui brille là-bas ?

— C'est une lampe placée devant l'une des fenêtres du *bordje* de l'oued Dhamous, répondit le guide. C'est dans ce bordje que nous aurions passé la nuit, si l'orage ne nous avait fermé la route.

— Par qui cette maison est-elle habitée ?

— Par un de tes compatriotes, un colon.

— Eh bien, reprit M. Thierry, aux oreilles de qui le mot de *colon* sonnait mal, comme il arrive à la plupart des militaires nouvellement débarqués en Algérie, si ce n'était la crainte que j'ai de séjourner dans cette île un peu plus longtemps que je ne voudrais, je bénirais l'orage qui m'a épargné le désagrément de recourir à l'hospitalité de ce compatriote.

— Monseigneur, tu ne parles pas sagement ! répliqua soudain Maumenèsche.

— Pourquoi ? fit l'officier de l'air d'un homme offensé.

— Parce que, répondit le coureur, ce colon ne ressemble point à quelques-uns de ceux que tu as pu rencontrer aux environs d'Alger et de Milianah, et qui se sont abattus sur nos champs comme de dévorantes sauterelles.

— Vraiment ! fit le capitaine un peu surpris ; quel est donc alors ce colon ?

— C'est un homme juste, répondit l'Arabe ; un homme qui n'a que de bons conseils sur les lèvres, et dont la main est toujours ouverte.

— Ne sais-tu rien de plus sur son compte ? fit M. Thierry.

— Si, monseigneur, reprit Maumenèsche. Il a longtemps « frappé la poudre » en Algérie ; tous ses supérieurs l'estimaient et ses soldats lui étaient attachés comme les membres le sont au corps de l'homme. Son grade, quand il a quitté le service, il y a dix ans de cela, était celui de colonel. Depuis dix ans, il habite avec ses serviteurs et sa famille une grande maison que tu verras demain d'ici, quand il fera jour ; et la tribu des Beni-Haoua, dont les terres touchent aux siennes, le révère comme un marabout. On dit qu'il a de grosses sommes d'argent, une grande quantité de *douros* déposés à

Alger dans un édifice que tu dois connaître et qui s'appelle la *Banque coloniale ;* mais il vit très-modestement, et ses richesses ne lui servent qu'à soulager les malheureux. Je te le dis, monseigneur, c'est un homme juste, et qui, bien que chrétien, est visiblement animé de la sagesse d'Allah.

— Je ne m'attendais pas à rencontrer un pareil homme dans ce désert, dit le capitaine. Et quel est son nom? le sais-tu?

— Les Arabes, répondit le coureur, le nomment le *kebbir* (1), ce qui veut dire *le chef*, et nul, autant que lui, n'est digne de porter ce nom; car, de même qu'il est le meilleur, il est le plus grand de tous les hommes.

— Tu sembles avoir pour lui une profonde vénération, fit observer M. Thierry.

— Comment en pourrait-il être autrement? répliqua le guide. Maumenèsche n'est pas un chien. Le kebbir a sauvé deux fois la vie de Maumenèsche.

(1) Il serait difficile d'énumérer les nombreuses applications que les Arabes font de ce mot. Ils le donnent aux conducteurs de caravane, à tous les hommes qui sont grands par leur position ou leur renommée. La plus belle femme d'une ville reçoit souvent le nom flatteur de *kebbira*. Je l'ai entendu donner à des chevaux cités pour leur vitesse ou la beauté de leurs formes.

A ces mots, prononcés avec l'emphase de la reconnaissance, le père et la fille se regardèrent comme pour se communiquer la mutuelle sensation de surprise qui les animait.

— Quant à son nom français, reprit le coureur, il est écrit ici sur une lettre dont le chef du bureau arabe de Milianah m'a chargé pour lui.

Ce disant, le guide enleva les deux bonnets superposés — dont l'un de coton blanc et l'autre de laine rouge — qui couvraient sa tête rase. Entre les deux bonnets se trouvait un papier plié et cacheté. Il le porta d'abord à ses lèvres, puis à son front, et le remit enfin au capitaine.

Le capitaine, se penchant vers la bougie qui brûlait à terre, épela à haute voix le nom qui était tracé sur la lettre.

— Le comte de Bugny ! dit-il en se tournant vers sa fille : je connais ce nom, mon enfant ; il appartenait, il y a trente ans, à l'un de mes camarades de l'École polytechnique. Le jour même où, après avoir passé ses examens, il entrait à l'École d'état-major, j'entrais, moi, à l'École de Metz, et, depuis, nous ne nous sommes jamais revus. C'était alors un garçon très-doux, très-bon et d'un sérieux qui se rencontre rarement dans l'extrême jeunesse. Colonel, dis-tu, Maumenèsche? Il n'avait pas perdu de temps pour faire son chemin ! Ah çà ! pourquoi a-t-il quitté le service ? reprit-il en se tournant du côté du guide.

— Personne ne l'a jamais su, répondit Maumenèsche. Il est vrai que personne n'a jamais osé le lui demander; car on ne parle pas au kebbir comme au premier mendiant venu qui traîne ses pieds sur la route. Mais, si tu le connais, monseigneur, c'est très-heureux pour toi; car nul autant que lui ne peut t'être utile pour les travaux que tu vas exécuter au Montararach.

Le capitaine Thierry était absolument dépourvu d'envie. Cependant il était homme, et, en apprenant que l'un de ses camarades avait obtenu un si rapide avancement, il ne put s'empêcher de reporter sa pensée sur lui-même, et, en se rappelant le long oubli dont il avait été victime, une certaine amertume contracta ses lèvres.

Sa fille s'en aperçut. Elle lui prit la main, et, répondant à sa pensée secrète, elle lui dit :

— Que vous manque-t-il auprès de moi, mon père ?

— Rien, mon enfant, répondit le capitaine en

poussant un soupir. Cependant, quand je pense que j'ai toujours servi fidèlement mon pays, et que tant d'autres... Enfin, je ne veux pas me plaindre, mais j'ai le droit de dire que je n'ai jamais eu de chance.

— Que ne songez-vous à ceux de vos camarades qui sont morts tout jeunes, à ceux qui ne se sont pas élevés comme vous dans l'estime de leurs chefs, à ceux enfin que des infirmités précoces ont éloignés du service, ou qui vivent tout seuls, sans famille, sans consolations? balbutia la jeune fille.

— Je ne nie pas qu'il n'existe des hommes aussi malheureux que moi, répondit le père; mais, Noëmi, n'avons-nous pas été tous deux bien douloureusement éprouvés? Ta mère, tes deux frères qui dorment là-bas... leur souvenir n'a pu déjà sortir de ton cœur?

— Non, mon père, Dieu m'en est témoin! et il n'en sortira jamais jusqu'à ce que ce cœur ait cessé de battre; mais qui vous dit que votre ancien ami n'ait pas été éprouvé comme vous? Il n'est guère d'homme de votre âge qui n'ait payé à la vie son inévitable tribut de douleurs.

— Tu as raison, ma noble enfant, reprit le père avec émotion; je me suis laissé dominer par un mauvais sentiment ; mais tu m'as, comme toujours, rendu à moi-même.

Alors il se tourna du côté du guide, qui, pendant la durée de cette discussion, avait affecté, par discrétion, de se pencher vers l'ouverture de la grotte.

— Tu parlais tout à l'heure de la famille de ce colonel ; se serait-il marié ? lui demanda-t-il.

— Sans doute, répondit Maumenèsche, et il est père de deux beaux enfants. L'aîné est un garçon de vingt ans, qui porte le nom d'Étienne, et qui est agile et robuste comme un Kabyle du Djerdjera ; l'autre est une jeune fille qui se nomme Marguerite, et n'a pas vu s'ouvrir plus de seize fois la fleur dont elle porte le nom. Elle a la grâce d'une houri, et son cœur est aussi large que celui de sa mère.

— Et ils habitent ce désert depuis dix ans ? demanda le capitaine.

— Oui, monseigneur.

— Mais il n'y a pas, que je sache, une seule habitation européenne à moins de quinze lieues de la leur. Ils n'ont donc nulle distraction, nulle relation, nulle occupation. Comment font-ils pour user le temps ?

— Ils font le bien, monseigneur, répondit Maumenèsche.

Cependant le capitaine ne pouvait se lasser d'entendre parler de son ancien camarade. Tout ce qu'il apprenait de nouveau sur son compte augmentait son étonnement. Après être demeuré quelque temps rêveur, repassant dans son esprit les choses extraordinaires dont le guide venait de lui faire part, il releva le front, et le pria de lui raconter dans quelles circonstances le colonel lui avait sauvé la vie.

— La première fois, répondit Maumenèsche en caressant de la main sa barbe noire, ce fut un jour où, remplissant mon devoir d'éclaireur devant les soldats, je venais de recevoir une balle dans la poitrine. La colonne des Français fuyait, poursuivie de très-près par les goums (1) enragés de l'émir. Le kebbir fuyait comme les autres. Pour moi, j'étais renversé à terre, au bord d'une source, et je perdais mon sang. Tout à coup le kebbir passa près de moi. Je lui criai : « Monseigneur, laisseras-tu à l'étroit ton fils Maumenèsche ? » Il m'aperçut alors et mit pied à terre, puis il me saisit dans ses bras, me coucha devant lui sur son cheval, et m'emporta,

(1) Réunion de cavaliers. Les goums dont parle Maumenèsche étaient ceux d'Abd-el-Kader.

ployé en deux, comme si j'avais été non pas un homme, mais un telli (1) de blé. Le kebbir m'avait toujours montré de l'affection, je te dirai, et plus de trente fois déjà nous avions respiré l'odeur de la poudre ensemble. Deux mois plus tard, j'étais comme tu me vois, sur mes pieds, mais le kebbir devait rester longtemps encore à l'hôpital. Il eut beaucoup de peine à cicatriser ses blessures ; et ces blessures, monseigneur, il les avait reçues en dépensant son temps pour me sauver.

Le capitaine, en entendant cela, ne put s'empêcher de tressaillir. Peut-être se disait-il que bien peu de Français auraient ainsi exposé leur vie pour arracher un malheureux Arabe à la mort. Maumenèsche le regarda de ses yeux pénétrants ; puis, rassemblant autour de lui les plis de son burnous, il reprit :

— La seconde fois, il y a aujourd'hui douze ans de cela, le kebbir dirigeait une expédition contre les Sbeah (2). D'abord, il faut que tu saches, monseigneur, que les Sbeah sont les pires gens de la terre. Ils n'ont jamais vécu que du vol. Aucun moyen ne

(1) Sac double employé par les Arabes pour enfermer le grain.
(2) Tribu du Dahra. Le Dahra est situé sur la frontière qui sépare la province d'Oran de celle d'Alger.

leur répugne pour faire du butin. Ils pillent les pèlerins de la Mecque, ils assassinent leurs hôtes; c'est tout dire. Ce ne sont pas des musulmans, ce sont des chiens. — Eh bien, nous allions donc contre eux. Le kebbir soutenait qu'il les fallait attaquer en traversant un certain défilé. Moi, j'étais d'un avis contraire. Ce défilé n'avait pas bon air; il me semblait cacher une embuscade. Ce fut mon opinion qui prévalut, et ce fut heureux, car, s'il n'en avait point été ainsi, aucun de nous ne serait sorti de ce défilé, qui était plus rempli de Sbeah que le burnous d'un derouiche ne l'est de vermine. « Maumenèsche, tu as sauvé la colonne, » me dit le kebbir quand il eut la preuve de mon bon jugement devant les yeux. Et il partit avec ses cavaliers pour *razzier* (1) les Sbeah, qui sont des fils de maudits, je te le répète. Moi, j'allais à pied, comme toujours, et je suivais de loin. Tout à coup, un violent coup de fouet cingle mes épaules, et puis je me sens étranglé; je suis violemment renversé par terre et traîné sur le dos avec une rapidité que les djinns n'ont pas dans leur vol. Un de ces coupeurs de route que nous poursui-

(1) Je me vois obligé de fabriquer ce verbe, n'en trouvant pas dans la langue française pour retracer l'action d'une *razzia*.

vions m'avait reconnu. Il avait fait un détour, était arrivé derrière moi, m'avait lancé un nœud coulant autour du cou, et maintenant il m'emportait, au bout de son bras tendu, de toute la vitesse de son cheval. Je ne savais d'abord ce qui m'arrivait. J'étouffais, ma langue et mes deux yeux sortaient de ma face, et je battais la terre de ma tête, de mes mains et de mes talons. Une minute de plus, j'étais mort, quand j'entendis un coup de pistolet, et, le cheval qui m'entraînait s'arrêtant, je demeurai sur le dos, sans bouger, comme une tortue retournée par un enfant. Un homme se jeta sur moi, coupa la corde qui m'étranglait, me souleva, et je me vis alors dans les bras du kebbir. A quatre pas, gisait le cadavre du bandit qui m'avait joué ce mauvais tour. Que dis-tu de cela, monseigneur? C'est ainsi que deux fois le kebbir a conservé mes yeux à la lumière. Que Dieu sèche ma langue, si jamais ma langue le nie!

— C'est très-beau, fit le capitaine, et je conçois maintenant la vénération que tu as pour mon camarade... Mais, Noëmi, ma chère enfant, malgré le plaisir que tu parais prendre à écouter les histoires de Maumenèsche, tu dois être bien fatiguée, et il se fait tard. Allons essayer de dormir, si toutefois le bruit de cette infernale rivière nous le permet.

Disant ces mots, il se leva, et, avec une sollicitude toute paternelle, il étendit un grand manteau sur un amas de feuilles sèches que Faitha avait conservées pour alimenter son feu le lendemain. La jeune fille s'étendit sur ce manteau, et elle dit qu'elle ne se trouvait pas trop mal couchée, quand son père eut placé une large sacoche pleine de linge — en guise d'oreiller — sous sa brune et charmante tête. Après l'avoir couverte de son burnous, qui avait eu le temps de sécher, le capitaine l'embrassa; puis il s'enveloppa de son caban, enleva ses lunettes, souffla la bougie, et se coucha enfin à son tour au fond de la grotte, la tête appuyée sur la selle de son cheval. Les deux nègres dormant déjà depuis quelque temps auprès du feu mourant de la cuisine, il n'y eut plus bientôt dans la caverne que Maumenèsche qui conservât les yeux ouverts. Il s'était assis à l'entrée, les talons rapprochés du corps et les deux bras autour des genoux, emmaillotté dans son burnous comme une momie égyptienne. La pluie continuait toujours à tomber et les eaux à mugir dans le lit caillouteux de la rivière. Pendant quelques minutes, la jeune fille lutta machinalement contre le sommeil. Elle entrevit le coureur plusieurs fois de suite, à la lueur des éclairs. Au dehors, elle n'apercevait rien que les feux des soldats rougissant au milieu des tentes blanches, et, bien loin, tout au loin, la petite lumière qui tremblotait à la fenêtre du bordje de l'oued Dhamous. Elle ferma les yeux, les rouvrit, et elle la revit toujours à sa place. Enfin elle s'endormit, et, dans le rêve juvénile qui descendit alors sur son chaste esprit, elle se crut plongée au fond d'un précipice tout noir, au-dessus duquel palpitait une étoile bleue, dans l'azur velouté du ciel.

IV

LE PÈRE ET LE FILS.

Quand Noëmi ouvrit les yeux, le lendemain, le jour s'était levé et la pluie avait enfin cessé de tomber ; mais on entendait encore les mugissements de la rivière. Son père et le coureur avaient disparu. Elle se leva, lissa ses cheveux, procéda sommairement à ses ablutions, et, frissonnante, brisée par la fatigue qu'elle avait éprouvée la veille et la mauvaise nuit qu'elle venait de passer, elle but à la hâte une tasse de café que lui présentait Ourida, puis elle sortit de la grotte.

Le ciel lui apparut couvert de nuages noirs qui se mouvaient lourdement vers les sommets des Zougara. Pas le moindre rayon de soleil ne glissait sur leurs flancs énormes. La mer était sale et glauque ; la rivière s'était encore élargie. Elle coulait rapidement entre ses berges élevées, charriant des amas d'écume jaunâtre, et ses eaux, chargées de terre et de sable, étaient troubles et comme épaissies. On ne distinguait plus aucune des pierres de son lit, et le bouillonnement de l'onde, seul, signalait les endroits où s'amoncelaient les plus hautes. Quant aux îles, leur aspect ne s'était pas sensiblement modifié. La première, cependant, semblait s'être rétrécie, comme si le niveau du torrent se fût élevé, ou plutôt comme s'il eût détaché et entraîné avec lui quelques-unes de ses parties les plus friables et les plus basses. La seconde île, ayant été protégée contre les flots par sa voisine, était demeurée à peu près intacte. Des touffes de lentisques lavées par la pluie la couvraient d'une extrémité à l'autre, et les tentes des soldats, les chevaux et les mulets alignés au piquet, se détachaient de loin sur le vert feuillage. De légères fumées s'élevaient de cette île, filant tout droit vers le ciel. Il faisait froid et le vent était tombé.

Tout en marchant péniblement sur la terre mouillée, la jeune fille, étroitement enveloppée dans son burnous, s'arrêtait de temps à autre, et promenait ses regards autour d'elle pour chercher son père. Elle l'aperçut enfin, au bord du détroit, discutant avec Maumenèsche. Elle se dirigea de leur côté. Ce qu'elle apprit quand elle les eut rejoints la terrifia. Le niveau de la rivière ne cessait de monter, l'île décroissait à vue d'œil, et le guide disait qu'il la fallait quitter immédiatement et à tout prix, car les eaux l'auraient entièrement recouverte avant trois heures.

Le capitaine ne trouva pas la force d'adresser un seul mot à sa fille. Que sa propre existence fût compromise, c'était une chose à laquelle il s'était habitué depuis trente ans. Mais l'idée de voir périr son enfant d'une mort horrible ne lui était jamais apparue encore. Il faisait les plus grands efforts pour garder son sang-froid, et, comme il n'y pouvait parvenir, une angoisse terrible lui serrait la gorge pendant qu'il discutait avec Maumenèsche.

Les deux hommes, parfaitement d'accord, comme on le pense, pour trouver un moyen de salut prompt et décisif, étaient divisés sur la nature de ce moyen même. Le capitaine, n'ayant jamais vu d'inondation, s'entêtait à vouloir essayer de passer sur la seconde île, uniquement parce que le détroit étant moins large que le second bras de la rivière, il devait être, selon lui, plus vite franchi. Les soldats, disait-il, aideraient au passage. Ils avaient avec eux les cordes et les poteaux de soutien de leurs tentes, et il leur suffirait d'une demi-heure pour construire un radeau solide sur lequel plus de vingt personnes, au besoin, pourraient se tenir. Le guide faisait alors observer que ce radeau, si solide qu'il fût, ne flotterait pas une minute, ni dans le détroit ni dans la rivière, et que la moindre pierre placée à fleur d'eau le ferait chavirer. Il ajoutait que, au surplus, nulle force, même celle des bras réunis de cent soldats, ne serait capable de le maintenir et de le diriger entre les deux îles où l'eau, chassée sur une pente, et profonde en certains endroits de plus de dix pieds, courait avec la rapidité d'un cheval poursuivi par une panthère. Afin de démontrer la justesse de son affirmation, au moment même où Noëmi arrivait à côté de lui, le guide lança son bâton au milieu du courant, et le bâton n'eut pas plus tôt touché l'eau, qu'il partit comme une flèche vers le premier bras. La jeune fille le cherchait encore à la place où elle l'avait vu tomber, qu'il tournoyait déjà, deux cents pas en aval, à l'extrémité nord de la seconde île.

— Mais, s'il en est ainsi, s'écria tout à coup le capitaine, nous faudra-t-il périr dans les flots de cette rivière ? Quel moyen me proposes-tu pour la traverser ?

Maumenèsche, dans aucune circonstance de sa vie, ne montrait jamais plus de hâte que le commun de ses compatriotes. Il rejeta le pan de son burnous sur son épaule ; puis, désignant de la main trois chênes énormes qui s'élevaient à l'angle du détroit, juste au bord de la seconde île :

— Si ta fille avait le pied des femmes arabes, monseigneur, répondit-il, notre salut à tous serait dans ces arbres.

— Comment ? fit le capitaine.

— Tes soldats ont des haches, reprit le coureur. Ils peuvent faire tomber ces chênes comme un pont sur le torrent. Nous, nous pouvons passer sur ce pont. La seconde île est haute et solide ; l'oued Dhamous ne l'écornera pas, fût-elle augmentée de deux hauteurs d'homme. Mais ta fille, monseigneur, pourra-t-elle nous suivre ?...

— Sans doute, elle le pourra, interrompit le père.

Il lui suffit de se tourner vers son enfant pour acquérir la certitude qu'il se trompait. Noëmi, si courageuse qu'elle fût, était femme, et elle n'avait pu écouter les dernières paroles du guide sans éprouver une insurmontable terreur. La seule idée de se voir à plus de trente pieds en l'air, debout sur un tronc d'arbre vacillant au-dessus de l'abîme, la faisait frémir. A demi renversée et les mains posées sur les yeux, elle se détourna. Elle était affreusement pâle, et son père fut obligé de la saisir entre ses bras, pensant qu'elle allait défaillir.

— Non, non. Partez! abandonnez-moi! s'écria-t-elle. Je ne le pourrais pas. Je vous en prie, ne songez qu'à vous, mon cher père.

Et, lui jetant les bras au cou, elle se mit à sangloter.

— Comment! t'abandonner? s'écria le capitaine. Tu oses me demander de te laisser périr d'une horrible mort, pendant que nous sommes ici plus de cent hommes dont le moins courageux rougirait de ne point exposer sa vie pour sauver la tienne?

— Je ne veux pas, je ne mérite pas que personne expose sa vie pour moi, répondit Noëmi. Au surplus, les soldats et vous, vous vous devez à votre pays. Abandonnez-moi donc à mon sort.

Maumenèsche assistait à cette scène avec une secrète compassion, et les soldats, qui la regardaient de loin, comprenant tous trop bien de quelle chose terrible il s'agissait entre la fille et le père, émettaient chacun un avis pour les arracher à la mort. Il y avait alors une tumultueuse confusion dans la seconde île, et le sergent ne savait plus que faire pour gouverner ses hommes, dont quelques-uns, exaspérés par la pitié, perdaient la tête, ne parlant de rien moins que de sauter dans le détroit, ne voulant pas qu'il fût dit qu'ils n'avaient rien fait pour secourir leur capitaine.

En ce moment, les nègres accoururent traînant après eux les bagages et les cantines et poussant des cris de terreur. La rivière, en amont, avait commencé par détacher de l'île de gros fragments de terre. Maintenant elle battait le pied du rocher qui couvrait la grotte, et l'eau, filtrant déjà sous le sol, venait d'éteindre le feu de la cuisine. Il serait impossible de donner une idée, même approximative, des extravagances que la peur inspirait aux nègres. Faitha s'arrachait la barbe et s'appliquait des soufflets capables de le renverser ; Ourida se déchirait le visage à deux mains, et tous les deux hurlaient comme s'ils avaient déjà senti les flots leur monter aux lèvres. Ce vacarme, ajouté à celui que faisaient les soldats dans leur île et au fracas de la rivière qui n'avait pas discontinué un seul instant depuis douze heures, finit par impatienter Maumenèsche. Il se jeta sur les nègres et les fit taire en leur distribuant quelques bourrades.

— Têtes de jais! leur dit-il, ne pouvez-vous attendre qu'Azraël (1) ait la main sur vous, pour vous plaindre? Par la chambre sacrée de la Mecque! si vous continuez à hurler, je vous bâillonnerai tous les deux!

Et, comme la négresse lui baisait les pieds, prosternée dans la boue, il la releva brusquement; puis, s'adressant au capitaine :

— Mon père, lui dit-il, crois-en l'expérience de ton fils Maumenèsche. Si Dieu veut nous tirer d'ici, ce n'est pas par le détroit qu'il le fera, c'est par la rivière.

Le conduisant alors au bord du second bras, il lui montra de la main un long sillon d'écume qui, décrivant une ligne capricieuse et tourmentée, s'éloignait du rivage de l'île, et, coupant le courant,

(1) Azraël est l'ange de la mort.

s'en allait au travers de l'eau rejoindre la terre ferme.

— Vois-tu ce bouillonnement de l'eau ? reprit-il. Il indique les hauts-fonds de la rivière. Sur toute la ligne qu'il parcourt, de grosses pierres sont amoncelées. Un homme n'y passerait pas cependant, car un homme n'a que deux jambes, les vagues le feraient trébucher et elles le rejetteraient plus bas, là où l'eau, toute lisse, devient plus profonde; mais un cheval vigoureux et bien dirigé peut y passer.

— Que ne le disais-tu plus tôt ! s'écria le capitaine. Mon cheval, quoique vieux, a le pied solide, et ma fille...

— Non, monseigneur, interrompit le guide, ton cheval n'a pas le pied assez sûr pour se tirer d'une telle épreuve.

— Eh bien, nous choisirons un de nos mulets, le plus fort et le plus docile.

— Inutile, monseigneur ! reprit Maumenèsche. Les mulets, vois-tu bien, ressemblent à ton serviteur. Nul ne les vaut, quand il s'agit de faire une course de fond, sur la montagne ; mais ils ne savent pas marcher dans l'eau.

— Alors, s'écria douloureusement le capitaine, pourquoi dis-tu que Dieu peut nous tirer d'ici par la rivière ?

— Parce que, malgré la profondeur de l'eau, il y a encore des hauts-fonds dans la rivière ; il ne nous manque qu'un bon cheval et un cavalier expérimenté pour la traverser. Tiens, reprit-il soudain en levant le bras, voilà le sauveur que Dieu t'envoie, monseigneur. Que ma femme me soit défendue, si je mens !

Le capitaine porta les yeux dans la direction que lui indiquait le guide, et, de l'autre côté de l'oued Dhamous, sur le haut promontoire où s'élevait le bordje parmi les cimes d'arbres, il aperçut un Arabe à cheval, dont le burnous s'enlevait énergiquement sur le fond tout noir des nuages. Cet Arabe suivait, à plus de cinq cents pieds de hauteur, une ligne parallèle à la rivière, et il ne semblait pas avoir aperçu les soldats qui lui faisaient des signes de détresse ; mais, au moment où Maumenèsche le désignait au capitaine, il s'arrêta, se dressa sur ses étriers, porta rapidement les yeux de l'île à demi submergée à la seconde, et tout à coup, secouant le bras en l'air comme pour montrer aux hommes en péril qu'il avait compris, il tourna bride et lança son cheval à fond de train dans la direction du bordje.

Le quart d'heure qui s'écoula après cette apparition parut avoir la longueur d'un siècle aux malheureux rassemblés dans la première île. L'eau, rapide et livide, ne cessait de monter. Déjà, elle s'était engouffrée dans la grotte. La pluie ne tombait pas, mais les nuages s'épaississaient si bien au-dessus du Kef-el-Hamar, qu'il était facile de prévoir une nouvelle et prochaine averse. La petite île se resserrait, s'amincissait. Elle n'avait pas plus de quarante pieds de long maintenant, et le cheval et les trois mulets livrés à eux-mêmes, après avoir essayé de brouter quelques feuilles d'arbuste, comprenant le danger qui les menaçait, se rapprochaient instinctivement de leurs maîtres.

L'Arabe reparut enfin. Il était alors suivi d'une troupe de ses compatriotes à cheval. Tous se lancèrent au galop sur la pente du promontoire, et l'on voyait de loin flotter leurs burnous. En cinq minutes, ils atteignirent le bord de l'eau, et, quand ils furent arrivés là, se rendant compte immédiatement de la situation des deux groupes de naufragés, ils s'éloignèrent de l'île occupée par les soldats pour se porter en face de la première.

Il y avait parmi eux deux Européens devant lesquels chacun se rangeait avec respect. Le premier pouvait avoir cinquante ans ; il était grand, se tenait droit et conduisait avec aisance une jument à robe alezane. Sa barbe blonde, mêlée de touffes d'argent, descendait moelleusement jusqu'au sommet de sa poitrine. Il avait l'air austère et doux, grave et paisible. Le second était presque imberbe et ne comptait guère plus de vingt ans. Ses cheveux noirs flottaient autour de son cou ; il avait le teint basané, de grands yeux bruns et très-brillants, la taille souple et mince, et l'étalon à robe sombre qu'il montait, véritable *djouad*, — cheval de pure race arabe, — se défendait impétueusement entre ses genoux. L'un et l'autre portaient des vêtements légers de drap gris ; de longues bottes à tiges plissées couvraient leurs jambes, et de larges burnous pendaient de leurs épaules.

Le capitaine, accompagné de sa fille, de Maumenèsche et des nègres, avait suivi la rive de l'île pour s'avancer à leur rencontre. Ils échangèrent quelques signes, ne pouvant parvenir à se faire entendre différemment les uns des autres, séparés qu'ils étaient par un torrent mugissant, de plus de cent pieds. Pendant que les Arabes exploraient la rivière et sondaient du regard la profondeur de l'eau, Maumenèsche, désignant de la main le plus âgé des Européens, apprit au capitaine qu'il avait devant lui son ancien ami. Le guide ajouta que le jeune homme aux cheveux noirs était le fils du colonel, et que les Arabes qui les escortaient appartenaient à la tribu des Beni-Haoua, dont le territoire s'étendait devant eux, sur l'autre bord de l'oued Dhamous.

Cependant les cavaliers rassemblés sur la terre ferme, après avoir attentivement examiné les îles, le détroit et la rivière, s'étaient rapprochés des Européens. Pendant quelques minutes, on les vit immobiles et le buste affaissé sur la selle de leurs chevaux, groupés en cercle et paraissant se consulter. La situation des cinq personnes réunies sur la première île leur semblait désespérée; car la pluie allait certainement recommencer à tomber, — l'état du ciel l'indiquait surabondamment, — la rivière à grossir, et ils ne savaient que faire pour opérer leur sauvetage. Ils étaient là plus de cinquante, tous remplis de courage et de bonne volonté, mais fort perplexes. Il eût suffi d'un mot pour les pousser à se jeter follement au milieu des vagues, s'en remettant à la destinée du soin de les conduire et de les ramener sains et saufs avec les naufragés, ou de les submerger tous ensemble. Ce mot, heureusement, ne fut pas prononcé. L'homme qu'ils avaient surnommé le *kebbir*, par déférence pour son caractère et les lumières de son esprit, ne s'engageait jamais sans réflexion dans aucune entreprise, et il avait trop d'expérience et de véritable humanité pour exposer cinquante vies dans l'espoir d'en arracher cinq à la mort. Après avoir patiemment écouté les avis que chacun émettait auprès de lui, il recommença, pour la dixième fois peut-être, à parcourir au pas le rivage qui s'étendait en face de la première île. Ses yeux ne quittaient pas la surface écumeuse de la rivière, si ce n'était pour se porter sur le groupe immobile qui, de loin, le regardait avec une terrible anxiété. Enfin, il parut tout à coup se déterminer, et, se tournant vers les Arabes qui l'avaient suivi pas à pas, il leur fit signe de s'arrêter, puis il leur dit :

— Nous ne pouvons laisser périr ces malheureux sans essayer de les sauver, et, pour cela, je ne vois comme vous qu'un moyen : c'est de traverser l'oued Dhamous à cheval et de les ramener ici, si Dieu le permet, les uns après les autres. Ce moyen, je vais l'expérimenter. Que nul d'entre vous ne m'accompagne.

Et, les saluant de la main, il poussa sa jument vers la rivière.

Mais, au moment où la jument, comprenant ce qu'il exigeait d'elle, se cabrait épouvantée devant les flots, son fils, qui jusqu'alors s'était discrètement tenu à l'écart, comme il convient aux jeunes gens quand les hommes délibèrent, s'approcha de lui, et, lui touchant le bras avec respect :

— Mon père, lui dit-il, permettez-moi de vous adresser une observation et une prière. Ce n'est pas vous, c'est moi qui dois tenter le sauvetage de ces malheureux. Votre existence est trop précieuse pour que vous l'exposiez ainsi. Votre mort serait l'anéantissement de notre famille, la ruine de vos serviteurs, de tant d'infortunés qui ne vivent que de vos charités. Moi, au contraire, je ne suis indispensable à personne ici-bas ; je peux être aisément remplacé ; je ne manquerais qu'à vous, à ma mère, et ma sœur au besoin vous consolerait tous les deux.

D'ailleurs, vous avez largement payé votre dette à l'humanité, et moi, j'en suis encore à lui rendre un premier service. Je vous en prie, laissez-moi donc traverser cette rivière. Je vous promets de me comporter prudemment.

Le père, en entendant ces mots prononcés d'une voix douce et avec un accent persuasif, hésita, pâlit et regarda son fils d'une étrange manière. Les sentiments les plus impérieux du cœur humain, soulevés tout à coup en lui, s'y livraient une lutte terrible. Plusieurs fois ses lèvres s'ouvrirent comme pour articuler un consentement ou un refus, mais il ne dit rien. Enfin, se maîtrisant soudain, et l'homme supprimant en lui le père, — peut-être cependant était-il curieux de juger son fils, ou voulait-il, avec un haut désintéressement, lui abandonner la joie d'exposer sa vie pour ses semblables, — il soupira, et, avec le regard et l'inflexion de voix que dut avoir Édouard d'Angleterre disant au Prince Noir, à l'aube de la bataille de Crécy : « Allez gagner vos éperons! » il se tourna vers le jeune homme, et, froidement alors, presque sévèrement, il prononça ce seul mot :

— Va!

Puis, détournant un peu sa monture, il demeura au bord de l'eau pour le voir faire.

La scène devint alors grandiose et poignante. Les cavaliers rassemblés autour du kebbir s'étaient dressés sur leurs étriers. Les soldats étaient tous en ligne sur le rivage de la seconde île. Au bord de la première se tenaient les cinq personnes qu'il s'agissait de sauver. Et tous se taisaient.

Le cheval que montait le fils du kebbir était un étalon superbe. Il avait la plupart des signes particuliers qui, selon l'émir Abd-el-Kader, décèlent la race chez les chevaux barbes : l'encolure longue, le dos court, le poitrail et la croupe larges. Ses flancs étaient si bien évidés, qu'ils semblaient dépourvus de chair ; sa queue, fournie, remplissait tout l'espace compris entre ses cuisses et touchait la terre ; ses yeux, rapprochés du nez, étincelaient sous la crinière qui pendait de son front comme un voile ; enfin ses naseaux étaient enflammés, ses sabots durs et parfaitement arrondis, et, quand, entre les jambes de son cavalier, retenu par le mors et stimulé par les éperons, il dansait sur ses quatre pieds, renflant son cou de cygne pour appuyer sa tête en arrière, il était si léger, si souple, si élégant, qu'on eût dit qu'il ne touchait le sol que du bout des ongles.

Son nom était *Ghrezala,* qui signifie gazelle.

Le cavalier, à qui nous restituons dès à présent son prénom d'Étienne, le conduisit d'abord vers l'endroit indiqué par Maumenèsche, où le bouillonnement de l'onde formait une ligne tortueuse à travers la rivière, signalant les amoncellements de cailloux. Quand il l'eut amené là, il se mit à le flatter de la main, puis il lui fit flairer l'eau, et enfin, lui tenant la bride haute et un peu flottante, il rapprocha les deux genoux. Le cheval obéit soudain, puis recula, s'arrêta, regarda à droite et à gauche, et alors, les genoux le pressant de nouveau, il mit un pied dans l'eau, puis un autre, et tout à coup, prenant courageusement son parti, il avança.

En une minute il fut baigné par les flots d'écume. Tantôt ses jambes seules disparaissaient, tantôt il enfonçait jusqu'au garrot, trébuchant et glissant sur le fond inégal. On le voyait tâter le terrain, cheminer prudemment, dresser le haut du corps pour monter sur les tas de pierres, puis sa croupe luisante émergeait soudain, pendant qu'il enfonçait ses pieds de devant dans les trous invisibles. Afin

6

de mieux lutter contre le courant, il le coupait de biais, présentant son large poitrail aux vagues boueuses. Son cavalier demeurait parfaitement immobile. Calme, le menton baissé, le buste légèrement affaissé, il s'exerçait à ne pas bouger, de peur de gêner les mouvements de sa monture, et la soutenant de la bride, les deux jambes plongées dans l'eau, il regardait droit devant lui, suivant de l'œil la ligne écumeuse dont il ne devait pas s'écarter. Les vagues, par moments, lui sautaient jusqu'à la poitrine, et l'extrémité du burnous attaché sur son épaule traînait au loin derrière lui.

Le cheval atteignit bientôt le milieu de la rivière. Bien lui en prit alors, ainsi qu'à son cavalier, de n'avoir pas à éviter les arbres qui, depuis la veille, déracinés par le torrent, n'avaient cessé de descendre avec lui. Retenus maintenant en amont par une sorte de barre qui s'était formée des lambeaux de terre et des quartiers de roche enlevés de la première île, on les voyait de loin osciller sous le poids des eaux; mais leurs branches les tenaient attachés au fond, et les matériaux que charriait la rivière, arrêtés au passage par leurs troncs énormes, glissaient dans toute leur longueur et descendaient dans la direction du premier bras. Ces arbres amoncelés sur la terre éboulée constituaient le plus grand danger qu'eût à craindre le cavalier. Aussi les examinait-il de loin avec une attention inquiète. Le plus léger d'entre eux qui se fût détaché de la masse et qui l'eût atteint dans sa course, aurait suffi pour le broyer en une minute avec son cheval. Heureusement, rien de tel ne leur arriva.

Mais quand, l'un portant l'autre, ils se furent avancés jusqu'au milieu de la rivière, les obstacles qu'ils avaient à vaincre se multiplièrent. Le courant, étant plus rapide en cet endroit, avait fait ébouler quelques-uns des amas de cailloux disposés devant lui, et l'eau était devenue plus profonde. C'est alors que le cheval fut obligé de déployer toute sa force et toute sa sagacité pour se maintenir sur ses pieds, et le cavalier de faire appel à tout son sang-froid pour le conduire dans la direction des hauts-fonds, qui, trente pas plus loin, faisaient de nouveau bouillonner l'eau, et, sans interruption, aboutissaient à la première île. Les Arabes, voyant le danger qu'ils couraient, se disséminèrent aussitôt en aval le long du rivage, tout prêts à se jeter à l'eau pour leur porter secours, et, dans la seconde île, les soldats se mirent à lier des morceaux de bois à l'extrémité de longues cordes, pour les lancer au courageux jeune homme, qu'ils s'attendaient à voir dériver d'un moment à l'autre. Le père seul, toujours immobile sur sa jument, à la place même où son fils l'avait quitté, le suivait des yeux avec une sollicitude pleine d'angoisses. Quant au groupe des naufragés, vers lequel se dirigeait, en ronflant, en frémissant d'impatience et battant l'eau, le courageux Ghrezala, les sensations qu'ils éprouvaient étaient diverses, mais toutes poignantes. Ourida, accroupie sur une cantine, s'était caché la face dans ses mains ; Faitha, debout, écarquillait ses grands yeux noirs et grelottait de peur en balbutiant des paroles incohérentes ; Maumenèsche, mis hors de lui par la grandeur du spectacle, levait les bras, sautait, secouait son burnous, hurlait de satisfaction. Le capitaine serrait ses mains avec force, et sa poitrine haletait de crainte et d'espoir ; enfin la douce Noëmi, suspendue au bras de son père, le cœur serré, adressait au ciel une ardente prière en faveur de l'héroïque jeune homme qui se dévouait ainsi pour elle et les siens, et elle ne songeait même pas à retenir les larmes qui coulaient abondamment sur ses joues pâles.

Le cheval cependant avançait toujours, et le moment arriva enfin où il rencontra sous ses pieds un fond plus haut et plus solide. Alors, s'élançant par bonds et faisant jaillir l'eau tout autour de lui, il s'approcha du bord, l'atteignit en trois sauts, et, comme s'il eût été très-fier de ce qu'il avait fait, il se mit à caracoler, « faisant sa fantasia, » comme le dit depuis Maumenèsche.

En même temps, de la terre ferme et du bord de la seconde île, une immense clameur s'éleva, tous les spectateurs saluant à l'envi le cheval et l'homme.

Malheureusement, leur tentative, quoiqu'elle eût obtenu un plein succès, n'était rien auprès de celle qui leur restait à faire. Étienne le savait. A peine son cheval eut-il touché le sol, qu'il s'avança vers les naufragés, mit pied à terre, leur serra les mains, et, promenant les yeux sur l'île, le détroit, le barrage fragile qu'il s'attendait à voir céder sous la pression de l'eau, d'un moment à l'autre, il les arrêta enfin tout au loin sur les sommets des Zougara. La pluie recommençait à tomber dans la montagne, la rivière allait donc grossir, et l'île, déjà si rétrécie, allait encore décroître. Il vit qu'il n'avait pas un instant à perdre. S'élançant donc sur son cheval, qui avait profité de son investigation pour souffler, il invita la jeune fille à se placer devant lui sur la selle.

Mais alors un débat s'éleva entre la fille et le père. Noëmi voulait qu'on sauvât son père avant elle, et le capitaine s'y refusait énergiquement. Maumenèsche mit fin à la discussion par un acte d'autorité; il souleva la jeune fille entre ses bras et la plaça sur le cheval, devant le cavalier. Le cheval aussitôt retourna vers l'eau, et Noëmi continuait à supplier son père de prendre sa place, qu'elle était déjà au milieu des vagues.

Le retour fut plus émouvant encore que l'aller. La jeune fille, la tête nue, les cheveux à demi défaits, pâle, couverte de son burnous, se tenait des deux mains à la naissance de la crinière. Étienne avait un bras passé de chaque côté d'elle, tenant les brides et se penchant de temps à autre pour reconnaître le chemin. Ils ne se disaient rien; quand même ils eussent osé se communiquer leurs sensations, le vacarme des ondes les aurait empêchés de s'entendre. Le cheval suivait exactement, en sens inverse, la direction qu'il avait prise pour aborder à l'île, mais la surcharge l'alourdissait. Il enfonçait plus fréquemment, se relevait moins vite, et le cavalier était obligé de le contenir et de l'exciter davantage. Il y eut sur les deux rives, dans le cœur de tous les spectateurs de cette scène, une terrible émotion, quand on le vit, parvenu pour la seconde fois au milieu de la rivière, se débattre de nouveau contre le courant. Sur chaque bord se trouvait un père regardant son enfant aux prises avec la mort. Il suffisait d'une pierre brusquement déplacée au fond de l'eau, moins que cela, d'un faux pas du cheval, pour submerger et anéantir les créatures pleines de jeunesse et de vie qui se tenaient étroitement embrassées sous l'œil de Dieu, au milieu des ondes furieuses. Une poignante anxiété torturait l'âme des deux soldats. Ni l'un ni l'autre ne pouvait rien faire pour porter secours aux malheureux qu'ils regardaient éperdument, les encourageant de leurs vœux, suspendus à leurs moindres mouvements. Jamais ils n'avaient ressenti de telles angoisses. Le cheval, cependant, approchait de la terre ferme. Soutenu par son cavalier, il s'avançait à pas comptés sur le sol invisible et mouvant, s'arrêtant quelquefois pour regarder autour de lui et souffler bruyamment, comme s'il eût été gêné par l'écume que le vent lui lançait aux lèvres. Jusqu'alors, bien que pesamment chargé, il n'avait pas bronché une seule fois ; mais, quand il fut arrivé à dix mètres de la côte, il rencontra soudain un courant plus vif. Le barrage formé par la tête de l'île éboulée et les arbres amoncelés opposant un obstacle à la rivière, elle se partageait en deux, et, décrivant à droite et à gauche une longue courbe, elle se précipitait avec violence vers chaque rivage, et sa profondeur s'était subitement accrue de plusieurs pieds. Vainement Ghrezala se roidit alors devant les vagues qui battaient son poitrail. Il perdit pied trois fois, dériva, rudement éperonné par son cavalier, et sa marche ne fut plus dès lors qu'une suite de bonds désespérés, exécutés à grands coups de reins, avec une violence sauvage. Noëmi, éperdue, avait lâché la crinière, pour se retourner et se cramponner des deux mains aux épaules d'Étienne. Dans la nouvelle pose qu'elle avait prise, sa tête s'appuyait sur la poitrine du jeune homme, et, les deux yeux fermés, elle écoutait avec une insurmontable terreur les effrayants mugissements de l'onde en révolte. Pour lui, les dents serrées, les sourcils contractés, l'âme tendue par un terrible excès de volonté, il poussait son cheval, lui disait : « Allons ! Ghrezala ! » et, baissant le front tout à coup, balbutiait quelques paroles d'encouragement à l'oreille de la jeune fille. Les Arabes, sur le rivage, avaient tous mis pied à terre et couraient au bord de l'eau, prévoyant que le groupe pathétique allait sombrer. Quelques-uns, s'accrochant les uns aux autres par les mains, s'avançaient dans la rivière à sa rencontre, afin de le saisir au passage. Le père s'était précipité à terre, lui aussi. Chacun criait un avis au cavalier, qui n'en avait que faire, et d'ailleurs le fracas du torrent couvrait les voix. Enfin, tantôt marchant et tantôt nageant, la vaillante bête qui portait les deux enfants arriva tout près de la côte. Un dernier coup d'éperon la fit sauter, et, se soulevant de l'eau tout entière, elle retomba sur les genoux. Cinquante mains s'étaient déjà jetées sur sa crinière; on la traîna au bord. Enlevée, arrachée plutôt de la selle par le père de son sauveur, la jeune fille sentit soudain le sol sous ses pieds, et, tandis que le kebbir la serrait convulsivement entre ses bras, retentit le long des deux rives une nouvelle et formidable clameur.

Cependant le cheval avait pris terre, et, sanglant, affreusement essoufflé et souillé de fange, il se secouait entre les mains qui le retenaient. Étienne était debout auprès de lui, très-pâle alors et les mains tremblantes. Son père l'aperçut tout à coup. Il s'éloigna de la jeune fille, s'approcha de lui, le regarda avec un rayonnement dans les yeux ; puis, lui jetant un bras autour du cou, il l'embrassa sur la joue longuement, incapable de prononcer une parole.

Le jeune homme se sentait le ciel dans le cœur !

Quand son père se fut détaché de lui, il lui dit avec un regard plein de modestie :

— Mon père, ce n'est pas moi qu'il faut féliciter, c'est mon bon cheval.

— Ghrezala, dit alors le père en étreignant le noble animal et le baisant sur les naseaux, Ghrezala, je te débaptise. Désormais tu ne t'appelleras plus la Gazelle ; tu te nommeras *Salem*, le Sauveur.

V

LES SOLDATS.

Pendant que se passaient ces événements, la nature impassible avait continué son œuvre, enveloppant les montagnes de nouveaux nuages, les inondant de pluie et gonflant démesurément les innombrables affluents de l'oued Dhamous. Il suffit de moins d'un quart d'heure pour exhausser de plus d'un mètre le niveau déjà si élevé de la rivière. On vit alors une chose véritablement terrifiante, et dont la majestueuse horreur dépassa tout ce qui, depuis la veille au soir, avait parlé de Dieu à l'homme dans cette contrée dévastée. Le barrage qui s'était formé en travers du courant céda tout à coup sous la pression des vagues, et une lame toute droite, dont la volute se déployait à plus de six pieds de hauteur, se dressa entre les deux rives, refoulant devant elle les arbres, les amas de pierres, et détonant avec le bruit d'une poudrière qui fait explosion. La petite île, déjà si rétrécie, se rompit sous le coup, et la grotte qui avait servi de refuge aux naufragés disparut tout entière. A peine un morceau de terre de vingt pieds de long demeura-t-il comme un bastion, en amont de la seconde île, verdissant au-dessus de l'eau.

Désormais il était impossible de songer à traverser à gué l'oued Dhamous. Une mort certaine attendait le présomptueux qui se serait éloigné du rivage de plus de trois pas. Les arbres qui descendaient avec le courant se choquaient entre eux, et passaient devant les deux îles, agglomérés en masses informes. Les vagues tumultueuses sautaient et rejaillissaient de toutes parts, et le vent de la mer se mit à souffler avec une telle force, que, dans l'intervalle de quelques minutes, toutes les tentes qui s'élevaient sur la seconde île furent abattues.

Il fallait absolument aviser aux moyens de secourir les quatre malheureux confinés sur la première île ; car, maintenant, on pouvait prévoir que, dans un espace de temps très-court, pas un pouce de cette île ne demeurerait au-dessus de l'eau. Les Arabes et les deux Français que Noëmi sollicitait en pleurant sur le rivage, comprenaient cette situation mieux que personne, mais ils n'y pouvaient apporter aucun remède. Heureusement, grâce aux changements que la destruction du barrage venait d'introduire dans l'état des choses, il n'en était plus de même des soldats.

Les soldats, depuis leur départ de Milianah, avaient beaucoup plus souffert d'abord de la chaleur, puis des suites de l'inondation, que le petit groupe rassemblé autour du capitaine. Pendant la première partie de la route, on les avait vus soucieux, vaguement inquiets, dans cet état d'exaltation concentrée que produit invariablement le sirocco; mais l'esprit de corps et l'émulation les soutenaient, et c'est à peine s'ils laissaient échapper une plainte lorsque, ruisselants de sueur, ils se sentaient soudain aveuglés par l'ardente poussière que soulevait le vent du sud. Les anciens, tout en marchant, se délassaient de leur fatigue en effrayant un peu les nouveaux. Ce n'était rien encore, disaient-ils; on en verrait bien d'autres le soir! Tous allaient donc avec courage, mais avec une sourde irritation, à l'exception des spahis, qui, mieux acclimatés et enveloppés jusqu'aux yeux dans leurs burnous rouges, sommeillaient à demi, bercés par le pas de leurs chevaux. La halte sur le plateau, loin de délasser les soldats, ne fit qu'augmenter leur énervement, et, quand, stimulés par Maumenèsche, il leur fallut se remettre en marche, le malaise qu'ils éprouvaient ne tarda pas à leur arracher quelques murmures.

— Est-ce que ces paresseux de mulets ne pourraient pas nous porter un peu ? disaient-ils.

Le sergent qui les commandait, touché de leurs doléances, finit par satisfaire leur désir, et, à partir de ce moment, avec cette mobilité qui fait le fond du caractère français, la gaieté succéda chez eux à l'abattement, et, une heure plus tard, on les vit se jouer comme des enfants entre les cataractes du ciel et celles de la rivière. La mauvaise nuit qu'ils passèrent — sans avoir pu sécher qu'imparfaitement leurs vêtements mouillés — sous les tentes dont les toiles légères tamisaient la pluie, diminua cependant un peu leur bonne humeur. Les plus jeunes d'entre eux toussaient le lendemain, et quelques-uns se plaignaient d'avoir les membres endoloris, par suite de l'humidité contre laquelle ils avaient eu beaucoup de peine à se défendre. Mais, quand ils virent le danger qui menaçait leurs compagnons de route, toutes leurs mésaventures furent oubliées. Il n'en fut pas un seul, parmi les plus indifférents, qui n'eût voulu risquer sa vie pour les naufragés, s'il avait eu la moindre chance de les arracher à la mort. Le sergent fut bien près, alors, de voir son autorité méconnue. Il ne fallut rien de moins que l'émouvant spectacle du sauvetage de la jeune fille pour rétablir un peu d'ordre dans sa petite troupe. Ce qui exaspérait ces braves gens, c'était surtout l'impossibilité où ils se trouvaient de secourir leurs semblables, et la crainte qu'ils éprouvaient de les voir périr sous leurs yeux. Heureusement, la destruction du barrage vint leur rendre une lueur d'espoir ; ils se mirent immédiatement à confectionner un objet de transport qui, selon eux, devait permettre aux naufragés de passer de la première île sur la seconde. Cet objet que Maumenèsche, une heure auparavant, avait jugé insuffisant, mais que l'exhaussement subit de la rivière venait de rendre praticable, était un radeau.

En effet, la nouvelle crue de l'eau avait eu pour résultat d'élargir le détroit, mais en même temps de rétablir le niveau entre les deux bras de l'oued Dhamous. Il s'en était suivi naturellement une diminution notable dans la vitesse du courant qui passait entre les deux îles. A peine maintenant était-il sensible, surtout quand on le comparait à celui qui, se précipitant des montagnes, descendait en tourbillonnant vers la mer. Ce fait n'avait point échappé à l'attention du kebbir et des Arabes rassemblés sur le rivage, et encore moins à celle de Maumenèsche et du capitaine. Aussi, dès qu'ils virent les soldats occupés à lier leurs cantines avec les poteaux de leurs tentes, applaudirent-ils à leur travail de la voix et des deux mains.

— Sais-tu bien, monseigneur, dit le coureur à M. Thierry pendant que ce dernier regardait sa fille, qui, appuyée sur le bras de son ancien camarade et à demi rassurée par lui sur le sort de son père, lui adressait de loin des signes de sympathie et d'encouragement, sais-tu : la protection d'Allah était sur nous ; sans cela, nous servirions déjà de pâture aux poissons de la Méditerranée, et notre mort ferait le sujet d'une foule d'histoires dans toutes les tribus du Tell. Cette rivière, qui te semble si méchante, s'est montrée pour nous d'une douceur de jeune fille. Voilà quinze heures qu'elle coule, et c'est à peine si elle a déraciné quelques arbres et jeté de côté quelques rochers. Moi qui te parle et qui suis ton serviteur, j'ai vu, un jour, l'oued Allelah, qui passe au pied de Ténez, se fâcher d'une autre façon. Nous étions là quatorze Arabes, avec des troupeaux, pelotonnés comme nous le sommes ici sur une île. L'oued Allelah se mit tout à coup à grossir, et, comme il coule dans une vallée très-ouverte, il était trente fois plus large peut-être que ne l'est en ce moment l'oued Dhamous. Eh bien, ce ne furent pas quinze heures qu'il lui fallut pour emporter l'île. Trois heures lui suffirent. Il est vrai qu'il pleuvait beaucoup. Tous les troupeaux furent noyés sous mes yeux : trois mille moutons ! c'est quelque chose. Et avec les moutons, les Arabes. Ce jour-là, c'était bien visible, Dieu avait détourné sa face de nous.

— Comment te trouves-tu donc ici ? demanda le capitaine, qui jugeait l'histoire du guide pleine d'actualité, mais des moins encourageantes.

—Oh! moi, fit Maumenèsche, je m'étais résigné à me laisser noyer comme les autres, et, cramponné que j'étais à un arbre, un tout petit arbre, j'avais vu l'eau me monter d'abord aux genoux, puis au ventre, puis sous le menton, et, me dressant sur la pointe des pieds, je regardais autour de moi, et n'apercevais rien qu'une nappe jaune qui s'étalait à perte de vue, au ras de mes yeux. J'étouffais, et je grelottais de froid, et la nuit venait. Tous mes compagnons s'en étaient allés, roulés par les vagues. J'étais donc là, et l'eau montait toujours. Elle m'effleurait les lèvres. Je ne pouvais grimper sur mon arbre, car il était trop faible pour me porter. Tout à coup, je le sens mollement céder sous mes mains ; la rivière, creusant le sol, l'avait déraciné, et me voilà renversé sur le dos et descendant avec le courant vers la grande mer. Heureusement pour moi, le toit de branches d'un gourbi, qui s'en allait à la dérive, rencontra mon bras. Je le saisis : je parvins à monter dessus ; je m'y maintins à genoux avec mes deux mains, et, pendant toute la nuit, je flottai ainsi, me dirigeant je ne sais où, mais soutenu de Dieu, parce que je ne m'abandonnais pas moi-même. Mauvaise nuit, mon petit père ! Puissent mes ennemis et les tiens en passer beaucoup de semblables ! Enfin, quand vint le jour, mon toit de branches alla s'échouer au pied des murs de Ténez. Une vieille femme me recueillit. Et c'est ainsi que je me tirai de l'oued Allelah.

Le capitaine avait le frisson en écoutant le récit de cette aventure. Sa situation présente lui en faisait parfaitement apprécier les moindres détails, et il ne savait ce qu'il devait admirer le plus dans le narrateur : de la fermeté d'âme qu'il avait montrée pour sauver sa vie, ou du sang-froid avec lequel il racontait une telle scène devant une scène toute semblable. Cependant, tandis que le guide parlait, les soldats n'avaient pas perdu leur temps, et bientôt un radeau solide et d'une épaisseur convenable, mesurant environ trois mètres sur chaque face, fut déposé par eux sur la berge taillée à pic qui s'élevait à trente pieds au-dessus de l'eau. Mais ce n'était là que la plus facile partie de leur tâche. Il leur fallait maintenant amener ce radeau au bord de l'onde fangeuse, puis le lancer, puis le diriger vers la première île, et le ramener enfin avec les quatre naufragés. On eut alors une preuve bien remarquable de la puissance du courage et de l'abnégation, quand ils sont réunis à l'esprit de discipline. Sur un signe du sergent, vingt hommes descendirent au bord du détroit, traînant après eux le radeau, que soixante bras retenaient à l'aide de cordes, au haut de la berge. Ils avaient tous les jambes dans l'eau, qui, si elle eût grossi tout à coup, pouvait les emporter avec elle, et il eût suffi d'un moment de défaillance chez leurs camarades pour qu'ils fussent broyés sous la lourde masse de coffres et de poutres suspendue au-dessus de leurs têtes ; et pas un d'entre eux ne bronchait. Sur un mot du sergent, ils pesaient tous ensemble sur les cordages, et sur un mot ils s'arrêtaient. Le radeau descendit enfin au milieu d'eux. Alors, le poussant de leurs bras réunis, ils le lancèrent. Puis, attendant un nouvel ordre de leur chef, ils demeurèrent immobiles, les uns déboutonnant le collet de leur veste d'uniforme pour reprendre haleine, les autres s'essuyant le front de leurs mains.

Le sergent qui dirigeait leurs mouvements avait environ quarante ans, et répondait au nom de Brémont. C'était un de ces hommes nés du peuple, et que les hasards de la conscription ont condamnés à vouer toute leur existence au pénible et obscur métier de soldat. Après vingt ans de service, celui-ci ne comprenait pas qu'on pût exercer un autre état que le sien, et il avait été si parfaitement façonné par la discipline, qu'il en remplissait les devoirs, moins encore par obligation que par impossibilité de faire autre chose. Il ne savait, il ne se demandait même pas si sa profession lui plaisait. Machine, mais machine consciente, et dont l'abnégation alors s'élevait parfois jusqu'à l'héroïsme, il obéissait simplement aux ordres de ses supérieurs, sans les discuter jamais. Lui eût-on commandé de se brûler la cervelle « pour le bien du service, » il l'eût fait. Sa vie ne lui appartenait pas ; elle appartenait à l'État ; c'était donc à l'État de l'utiliser à sa guise. Jamais une punition n'avait frappé le sergent. Jamais l'amour, le jeu, le vin, les liens de famille, ne l'avaient distrait un instant de ses fonctions mécaniques. Toujours dispos, toujours prêt à obéir aux injonctions de ses chefs ; d'une tenue exemplaire, d'une propreté irréprochable, d'un courage naïf, car il s'ignorait ! il présentait le type accompli, et qui va se perdant tous les jours, de l'*homme-fusil*, inventé par le roi Frédéric, et si merveilleusement utilisé par Napoléon.

Quand il vit le radeau flotter, il commença par relever jusqu'aux genoux le bas de son pantalon pour éviter de le mouiller, puis il descendit au bord de l'eau, s'assura qu'aucune des parties du train de bois n'avait joué, et, comme il ne lui parut pas possible qu'il pût voguer tout seul vers la première île, il mit le pied dessus, avec l'intention de se dévouer pour le diriger. Cette opération présentant un très-grand danger, le sergent n'admettait pas qu'un autre que lui s'y exposât. Mais, au moment où, après s'être emparé d'un long morceau de bois aplati, et qui, dans sa pensée, devait faire l'office de rame, il ordonnait à ses hommes de filer le câble qui retenait le radeau au rivage, il entendit un cri violent poussé par Maumenèsche. Alors, levant la tête, il aperçut de l'autre côté du détroit son capitaine qui lui faisait des gestes de dénégation. Le sergent retira aussitôt son pied du radeau, et, supposant que son capitaine lui ordonnait de demeurer dans l'île, sans doute afin que les soldats ne restassent pas sans chef, livrés à eux-mêmes, il s'aisit par l'épaule le premier homme qui lui tomba sous la main, et, lui donnant sa rame, il lui dit de le remplacer. Mais, à ce mouvement, retentit un nouveau cri de Maumenèsche, et l'officier recommença ses gestes. Le sergent devint très-perplexe. Il voulait obéir ; mais, pour cela, il fallait qu'il comprît les ordres de son supérieur.

Ce fut Maumenèsche qui, à l'aide d'une pantomime des plus ingénieuses, se chargea de tirer le sergent d'embarras, en lui expliquant ce qu'on attendait de lui. Sa pantomime était tellement précise, qu'il n'y eut pas un seul homme, parmi les soldats rassemblés sur l'île, qui ne la comprît. Le sergent se mit aussitôt en mesure d'obéir à son capitaine. Il attacha un caillou à l'extrémité d'une longue ficelle, puis le remit à un spahis renommé pour sa vigueur et son adresse, et celui-ci le lança sur la première île, où Maumenèsche s'en saisit. Une corde solide était liée à l'autre extrémité de la ficelle. Quand le coureur l'eut attirée à lui, il l'enroula autour d'un arbre qui s'élevait au bord de l'eau, et devait lui servir de treuil. L'autre bout de la corde demeuré entre les mains des soldats étant déjà attaché au radeau, les naufragés furent ainsi en mesure de l'attirer à eux sans exposer inutilement la vie de personne. Le radeau s'éloigna alors lentement du rivage de la seconde île, remorqué par Maumenèsche et le capitaine, et maintenu dans une direction convenable par les soldats, qui, à l'aide d'une seconde corde, l'empêchaient de dériver. Grâce à ce procédé des plus simples, un va-et-vient était enfin établi entre les deux îles. Mais il s'en fallait de beaucoup qu'il fût sans danger, car l'un des câbles pouvait se rompre, quelque pièce du radeau se disloquer, la rivière enfler tout à coup et tout emporter; et ce n'étaient pas là de faibles sujets d'inquiétude pour les naufragés, ni pour les soldats, ni surtout pour la jeune fille, qui n'avait pas voulu quitter le rivage et assistait à cette scène avec une émotion facile à comprendre.

Cependant, en moins de trois minutes, le radeau, remorqué comme nous l'avons dit, traversa les quarante pieds de largeur que comptait alors le détroit, et le guide l'amarra solidement au pied de l'arbre. Il était temps, car la rivière, alimentée par la pluie, grossissait encore, et la petite île était presque totalement submergée.

— Allons ! *negro*, dit Maumenèsche au cuisinier en le poussant vers le radeau, voilà le moment de montrer que tu es un homme. Assieds-toi et ne bouge pas, car le moindre mouvement te serait fatal, et, bien sûr, tu ne ferais plus la cuisine que pour les poissons.

Faitha obéit au guide, mais ce ne fut pas sans envoyer un regard piteux à l'adresse des cantines qu'il abandonnait sur le rivage. La terreur de la mort le tenait si bien, qu'il ne trouva pas la force d'articuler une parole pour prier Maumenèsche de les déposer auprès de lui. Sa nièce l'avait déjà suivi, soutenue sous le coude par le coureur. La malheureuse fille tremblait, geignait, pleurnichait. En arrivant sur le radeau, elle comprit qu'elle ne pourrait jamais parvenir à s'y maintenir debout. Elle se coucha donc tout de son long aux pieds de son oncle, et ramena la pièce d'étoffe qui l'enveloppait sur son visage, afin de ne rien voir de l'effrayant spectacle des vagues. Cependant Maumenèsche s'était tourné vers le capitaine et l'avait invité à se placer auprès de ses serviteurs. M. Thierry descendit aussitôt sur l'esquif improvisé, et s'assit au milieu, sur un coffre. Mais, quand il vit que le coureur, après avoir défait le nœud du câble qui retenait le radeau au pied de l'arbre, s'apprêtait à filer ce câble et faisait signe aux soldats de le haler, il se leva :

— Et bien, que fais-tu là? lui dit-il. Est-ce que tu ne vas pas venir avec nous?

— Et les bêtes de l'administration! répondit Maumenèsche en filant le câble. Qui se chargerait de les faire passer? Je me suis engagé à les conduire saines et sauves au Montararach, et tu sais que je suis le serviteur de ma parole. Reste donc assis, monseigneur, ou le vent te fera tomber dans l'eau.

— Maumenèsche! Arabe entêté! je t'ordonne de venir ici sur-le-champ! s'écria le capitaine, exaspéré par la tranquillité du coureur. Qu'est-ce, pour moi, que la vie de mon cheval et celle des mules, auprès de la tienne? Ne vois-tu pas que tu seras dans l'eau jusqu'aux genoux avant trois minutes? Je suis ton chef! tu dois m'obéir! Encore une fois, je t'ordonne de t'embarquer avec nous.

— Ma promesse m'ordonne autre chose, mon petit père, reprit le guide en faisant de nouveau signe aux soldats de haler le câble; et ce n'est pas bien à toi d'humilier ton fils en l'engageant à allonger son existence aux dépens de sa promesse. Apaise-toi. L'oued Dhamous ne me noiera pas plus que l'oued Allelah, s'il plaît à Dieu!

Force fut au capitaine de se soumettre à l'étrange volonté du guide; car le radeau, attiré vers la seconde île par les bras des soldats, se balançait déjà au milieu de l'eau. Les soldats halaient lentement, avec précaution, et Maumenèsche, arc-bouté sur ses jarrets, retenait le câble en le déroulant doucement autour de son arbre. L'eau, redevenue un peu plus rapide par la destruction presque totale de la première île, glissait d'une seule nappe de l'ouest à l'est, bouillonnant au bord du radeau, le couvrant d'écume, et, par moments, le soulevant sur le côté.

Le capitaine, incapable de se tenir plus longtemps debout, avait repris sa place sur le coffre, et, de là, à sa droite comme à sa gauche, à la distance d'une vingtaine de pieds, il voyait dans les deux bras de l'oued Dhamous passer comme des éclairs les vagues écumeuses, qui toutes se précipitaient dans le même sens. Au loin, à l'ouest, par-dessus leurs crêtes mobiles, sa fille lui apparaissait entourée de ses nouveaux amis. Les Arabes s'agitaient autour d'elle, courant et se poussant pour suivre les péripéties du nouveau sauvetage, qui leur semblait au moins aussi émouvant que le premier. Quant au nègre et à la négresse, pelotonnés aux pieds de l'officier, une commune épouvante les empêchait de rien voir et de rien entendre. Faitha, ployé en deux et la tête entre les genoux, ne cessait d'ordonner à sa nièce de ne pas bouger, et il se recommandait à sidi Khrelil, à sidi Abd-el-Kader, à sidi Embarek, à sidi Mekrelouf, à tous les saints du paradis de Mahomet, renommés en Algérie pour leur puissance. Mais l'infortunée Ourida n'en était plus à se recommander à personne. Demi-morte de froid et le ventre dans l'eau, car l'eau passait entre les madriers mal joints du train de bois, elle se cramponnait des deux mains aux jambes de son oncle et poussait des cris de terreur.

— Quelle chose que la peur! disait Maumenèsche en écoutant les hurlements d'Ourida et déployant toute sa force pour roidir le câble. L'autruche cache sa tête sous le sable pour ne pas voir venir la mort; la femme crie pour ne pas entendre son pas. Elle vient cependant, à son heure. Après cela, comme elle vient pour toutes les créatures, il n'y a pas d'injustice.

— Ne bouge pas, ma nièce! répétait Faitha en fermant les yeux et ployant le dos.

— Tirez, vous! et tous bien ensemble! disait le sergent aux soldats. Voulez-vous bien ne pas vous avancer ainsi dans l'eau! reprenait-il en voyant quelques-uns de ses hommes qui, poussés par un singulier esprit de dévouement, s'en allaient machinalement, et tout en halant, au-devant du radeau, qui, à leur gré, ne marchait pas encore assez vite.

— Il n'y a pas de danger, sergent! disaient les soldats.

Et ils allaient dans l'eau plus loin encore.

Cependant, le kebbir, soutenant toujours la jeune fille sur son bras, suivait avec elle tous les mouvements du radeau en cheminant le long du rivage. Il la rassurait de son mieux, mais il perdait la plus grande partie de ses peines. Noëmi, en effet, se trouvait alors exactement dans la même situation d'esprit où son père s'était trouvé une heure auparavant, pendant qu'il la voyait s'éloigner de lui, transportée à travers les flots, entre les bras d'Étienne. La jeune fille comprit alors les angoisses que son père avait dû ressentir. Il y eut un moment où elle ne put s'empêcher de détourner le visage ; le radeau, soulevé de biais par une longue vague, se dressait presque perpendiculairement au-dessus de l'abîme, et l'on eût dit qu'il allait, se retournant tout d'une pièce, verser dans l'eau les trois personnes qu'il portait. Heureusement, une violente secousse fut imprimée à temps au cordage par Maumenèsche, et quand la jeune fille, sur l'invitation du kebbir, reporta les yeux sur son père, elle le vit, à travers ses larmes, enlevé du radeau par les bras vigoureux de ses soldats. Les deux nègres l'avaient déjà précédé à terre. Des cinq personnes si malencontreusement confinées la veille dans la première île, il n'y avait plus alors que l'intrépide coureur à sauver.

Ce n'était pas par esprit de bravade que Maumenèsche avait refusé de s'embarquer avec ses compagnons d'infortune. C'était par un sentiment particulier de son devoir qui lui ordonnait de ne rien abandonner à la rivière, de tous les êtres et des moindres objets confiés à ses soins. Dans sa pensée, il eût suffi d'un mulet ou d'une cantine emportée par les vagues pour le déconsidérer, et Maumenèsche tenait à sa réputation comme une honnête femme. Quand donc, après le débarquement du capitaine et des nègres, il eut attiré de nouveau le radeau au pied de l'arbre, se souciant peu de l'eau qui, maintenant, filtrait partout sous le sol de l'île, il se mit à jeter autour de lui des regards investigateurs, afin de voir s'il pourrait transporter dans un seul voyage les bêtes et les bagages dispersés à ses côtés.

A mesure qu'ils avaient vu se rétrécir la bande de terre où ils erraient en liberté depuis la veille, les mulets et le vieux cheval, se résignant à demi au triste sort qui les attendait, s'étaient contentés de se serrer les uns contre les autres et de promener au loin, sur le rivage, des regards inquiets. Leur instinct les avertissait que la crue de l'eau devait continuer longtemps encore ; ils comprenaint que le sol, un peu plus tôt ou un peu plus tard, allait manquer sous leurs pieds ; et, ne se sentant pas assez forts pour traverser l'impétueuse rivière à la nage, confiants dans l'intelligence de l'homme cependant, — peut-être aussi dans sa pitié ! — ils se rapprochaient peu à peu du coureur, comme s'ils avaient vu en lui un suprême espoir de salut. Au moment où le radeau revint à vide se balancer au pied de l'arbre, l'eau avait envahi déjà presque toute l'île, et les bêtes effrayées, piétinant la boue, tournaient machinalement sur elles-mêmes. Encore quelques minutes, et la nappe liquide allait s'étendre à la place qu'elles occupaient. Le guide, cependant, ne se laissa distraire ni par leurs angoisses ni par les cris véhéments qui l'invitaient à se hâter, partant de la seconde île et du rivage. Il alla prendre les cantines, les coffres, les sacs de bagages, les bâts des mulets, la selle, les harnais, et transporta ces divers objets sur le radeau. Puis, quand il les eut assujettis de son mieux, il s'approcha du vieux cheval, qui le regardait d'un air triste, et lui enveloppa la tête de son burnous.

— Je voudrais, disait-il, que tous ceux qui contestent la supériorité de l'homme sur le cheval puss'ent assister à ce que je fais. Ce Ghrezala lui-même, qui est le meilleur des djouad, a pu, convenablement dirigé, traverser les hauts-fonds de la rivière, portant deux créatures sur son dos. Eh bien, s'il était ici, il se laisserait plutôt noyer que de consentir à poser le pied sur un amas de bois dansant dans les vagues. Vantez donc maintenant la supériorité du cheval ! Maumenèsche vous répondra.

Parlant ainsi, il fit passer l'animal aveuglé sur le radeau, puis il alla chercher les mules qui tremblaient, et, après leur avoir bandé les yeux avec des morceaux de linge qu'il prit dans la sacoche de la négresse, il les embarqua à leur tour. Quand il les eut installées au milieu du train de bois, il retourna sur l'île, délia prestement le câble, le fit passer autour du tronc de l'arbre, de façon à pouvoir le dévider entre ses mains tout en s'éloignant du rivage, et à se faire ainsi un point d'appui, et enfin il sauta sur le radeau. Mais il revint immédiatement à terre en poussant une exclamation de dépit, et alors, à leur grande surprise, tous ceux qui le regardaient avec impatience le virent se baisser pour ramasser un dernier objet qu'il avait oublié dans l'île. Cet objet si précieux pour le coureur et qu'il brandit d'un air de triomphe quand il se fut relevé, était le parapluie d'Ourida.

Les éclats de rire des soldats, charmés de cette fanfaronnade, retentissaient encore, que Maumenèsche était déjà par le travers du détroit. Assis au bord du radeau, les genoux pliés, étendant devant lui ses deux bras hâlés, il dévidait son câble autour de l'arbre en le retenant de toutes ses forces. Derrière lui, les mulets et le vieux cheval tenaient les jambes écartées, et, pesant de leurs quatre pieds sur le bois flottant, ils restaient immobiles comme s'ils eussent été pétrifiés par la peur. Les vagues arrivaient alors en même temps par la droite comme par la gauche, car le lambeau de terre à demi submergé qui restait de la petite île ne leur opposait plus qu'un bien faible obstacle. Parfois elles sautaient sur le radeau, fouettant la croupe des mules et battant la poitrine de Maumenèsche. Et lui, les bras toujours tendus et portant en arrière sa tête rase coiffée du bonnet rouge, il fronçait les sourcils et se mordait la lèvre quand elles l'ébranlaient de leurs secousses. Les Arabes l'encourageaient de loin en agitant leurs burnous et poussant des cris ; mais il avait quelque chose de plus utile à faire que de leur répondre.

Aussi ne les regardait-il même pas, non plus que les soldats, qui l'excitaient également de la voix, tout en l'attirant lentement vers eux, avec son lourd chargement de coffres et de bêtes. Enfin le guide sentit la corde mollir entre ses mains, le radeau avait touché le bord de la seconde île, et les soldats le tiraient déjà sur le sable. Maumenèsche, en se levant, conserva son impassibilité. Il regarda les bêtes de somme descendre sur le rivage, puis les soldats débarrasser le radeau des objets qui l'encombraient, enfin il vit hisser le radeau sur la haute berge. Alors il promena un long regard autour de lui, et, satisfait d'avoir accompli son devoir, tout son devoir, — il se tourna vers l'eau, — cette eau toute-puissante, qui cependant n'avait pu lui arracher un brin de fil, et, comme Ghrezala une heure auparavant, le cœur enflé d'orgueil et de joie, faisant, lui aussi, sa fantasia (1), il

(1) Ce mot s'applique, en Algérie, non-seulement aux fêtes équestres des Arabes, mais à toutes les actions, à tous les signes de réjouissance causés par la satisfaction de l'amour-propre. Le faucon repu de sang qui se dandine sur l'épaule ou la tête de son maître ; la Mauresque qui, en passant devant une rivale humiliée, entr'ouvre son haïk pour montrer ses riches colliers ; le chanteur qui répond aux manifestations de plaisir de ses auditeurs par des tenues de notes exagérées ; le cavalier qui fait caracoler son cheval devant les femmes, font « leur fantasia », et personne n'en rit, car

se dressa de toute sa hauteur et cracha dédaigneusement sur elle.

Quelques instants plus tard, la dernière parcelle de l'étroite place où les cinq naufragés avaient trouvé un refuge disparut sous les flots, et, avec un fracas de plus en plus assourdissant, la rivière démesurément élargie qui se précipitait du haut des montagnes venait battre le front de la seconde île.

les Arabes ne voient pas de ridicule dans les manifestations de l'orgueil.

VI

L'HOSPITALITÉ.

A partir du moment où Maumenèsche rejoignit ses compagnons de route, la pluie cessa de tomber et le niveau de l'oued Dhamous s'abaissa avec autant de rapidité qu'il en avait mis à s'élever la veille au soir. Quelques heures après le sauvetage du guide, la rivière était rentrée dans son lit, les amas de pierres qui l'encombraient réapparaissaient au-dessus de l'eau, et les soldats campés sur l'île purent atteindre la terre ferme. Après avoir gravi le promontoire qui s'élevait sur la rive gauche, ils s'acheminèrent vers la baie du Montararach, où de nouvelles fatigues ne devaient pas tarder à leur faire oublier les fatigues anciennes. Quant au capitaine

Thierry, il avait accepté pour sa fille et pour lui l'hospitalité qui lui fut offerte par son ancien camarade. Nous profiterons de cette circonstance pour les accompagner au bordje de l'oued Dhamous.

La maison habitée par le kebbir était située sur le point culminant du promontoire, quatre cents pieds plus haut environ que le niveau de la Méditerranée. C'était une grande maison mauresque, dépourvue de toit, percée de petites ouvertures extérieures, représentant de loin une masse cubique toute blanche qui se détachait vigoureusement sur le fond du ciel. A l'intérieur, elle se partageait en trois demeures distinctes, les deux premières communiquant l'une avec l'autre par un système de portes et de couloirs. Chacune de ces demeures était distribuée de la même manière, présentant une cour carrée avec une vasque de pierre au milieu où bouillonnait un filet d'eau, et tout autour de cette cour, au rez-de-chaussée comme à l'étage supérieur, s'ouvraient des chambres spacieuses, qui prenaient jour sur un promenoir bordé de sveltes colonnes de marbre blanc.

La première de ces habitations était occupée par les femmes de la famille du kebbir ; la seconde, par les hommes et leurs serviteurs ; la troisième se nommait la *maison des hôtes* : sa porte était toujours ouverte, et le premier venu qui passait devant elle avait le droit de s'y installer. Une galerie placée sous un auvent s'étendait extérieurement dans toute la longueur de cette dernière, avec une large banquette tapissée de nattes, à l'usage des gens qui aiment à dormir en plein air, et un platane colossal, au fût droit et lisse, s'élevait dans la cour, en arrière de la fontaine, projetant son énorme bouquet de feuilles au-dessus de la terrasse et la couvrant comme un immense parasol.

Ce qui frappait le plus agréablement les yeux dans ces trois demeures réunies en une seule, c'était leur propreté exquise. Tout y était minutieusement peint en blanc : les murs des chambres et des cours, les terrasses, les plafonds, les galeries. Cette teinte uniforme et nette donnait à l'ensemble quelque chose de frais et de pur. Les pièces étaient larges, hautes, bien aérées; le soleil n'y pouvant jamais pénétrer, il y régnait constamment une demi-obscurité bleuâtre. Enfin leur ameublement était simple, presque primitif. Des nattes, de longues bandes de tapis étendues à terre sur de jolis carreaux de faïence à fleurs, des couchettes étroites et basses avec leurs oreillers de cuir, des siéges légers en bois peint, de grands coffres pour serrer les hardes, des draperies en laine de Tunis, à demi relevées devant les portes, tels étaient les objets peu coûteux, mais non dépourvus de style, qui se retrouvaient partout.

A la distance d'une portée de fusil s'élevaient des hangars et des écuries avec des bâtiments de ferme. Un grand jardin les reliait à l'habitation, s'étendant, à travers de pittoresques accidents de terrain, jusqu'à mi-côte du promontoire. Ce jardin, entouré d'une haie de nopals, n'avait rien de l'ennuyeuse régularité de nos parcs : les plantes y poussaient en toute liberté, avec les attitudes nonchalantes et capricieuses que leur donne la nature. On trouvait cependant quelques traces de culture dans le verger : là, une multitude de petits canaux de tuiles amenaient l'eau des *norias* dans les bassins creusés au pied des orangers; les treilles de *cherchali* s'appuyaient d'arbre en arbre, couvrant d'une ombre fine et remuante les moindres détours des sentiers; les bananiers déployaient leurs feuilles immenses au-dessus de fosses humides, protégées toutes contre le vent de mer par des revêtements de gazon; enfin des massifs de fleurs éclairaient de leurs tons charmants la sombre verdure. Il y avait quelque chose de véritablement récréatif dans le mélange de tant de couleurs et de tant de formes végétales. Auprès des citronniers élégants, dont les branches ployaient sous le poids des fruits vermeils, se hérissaient les poivriers d'Amérique et les oliviers au mince feuillage ; les grenadiers aux boutons éclatants se mariaient aux tiges flexibles du jasmin d'Arabie et du chèvrefeuille ; sous les hauts caroubiers poussaient les cyclamens ; les rosiers du Bengale s'attachaient aux glaives pointus de l'agave, et les scilles bulbeux écartaient les mottes de terre entre les touffes d'asphodèles.

Ce qu'il y avait de plus ravissant dans ce jardin, c'est qu'on y retrouvait partout les marques de la présence de personnes aimables et sensibles. Des bêtes de plusieurs sortes y erraient en toute liberté, et non-seulement on voyait à leur sérénité familière qu'elles n'avaient rien à craindre du voisinage de l'homme, mais que l'homme avait disposé toutes choses autour d'elles pour qu'elles ne fussent point troublées. La cigogne, accroupie sur son nid de plâtre au faîte des bâtiments de la ferme, faisait claquer ses mandibules pour attirer les hirondelles, qui l'amusaient de leurs tournoiements perpétuels et de leurs cris; le flamant aux ailes roses piétinait imperturbablement les fleurs, becquetant çà et là les insectes, ou bien, planté sur une patte, il vous regardait marcher vers lui et ne se dérangeait pas pour vous faire place; les *habara* fourrageaient les buissons pour y chercher les baies d'automne qui les enivrent. La gazelle aux jambes mignonnes sautait à travers les cytises pour flairer de tout près les gens qui venaient lui rendre visite; le leroui — mouflon à manchettes — paissait l'herbe au pied des grands arbres, puis il frottait ses cornes contre leur tronc en exhalant une sorte de ronronnement de plaisir; le caméléon grave, lent et la main tendue, se tenait à l'affût sous les feuilles dont il reflétait la verte couleur sur sa carapace; enfin les tourterelles voletaient de toutes parts et poussaient sous les fleurs leurs interminables murmures d'amour. Nul ne gênait ces paisibles hôtes dans l'enceinte qui leur était réservée. Ils y trouvaient de l'eau toujours fraîche, une nourriture abondante, des matériaux pour leur litière ou pour leurs nids, et la tranquillité dont ils jouissaient était si profonde, que jamais ils n'avaient songé à franchir la clôture épineuse qui les enfermait. Les plantes, elles aussi, comme les bêtes et les oiseaux, témoignaient de la présence de créatures affectueuses : il n'en était pas une qui souffrît de la sécheresse et qui fût laissée exposée aux âpretés du vent du sud. Les brindilles de vigne étaient relevées contre les arbres afin qu'elles ne se flétrissent pas sur le sol ; les branches des orangers et des grenadiers, chargées de fruits lourds, étaient soutenues par des fourches ; il n'était pas jusqu'à la violette qui ne fût préservée du soleil par quelque mobile abri de feuillage, et l'on voyait, dans les clairs ruisseaux, — charmante attention de femme ou d'enfant, — des touffes de véronique aux fleurs bleues, défendues contre les approches des tortues de terre par de légers treillis de roseaux.

Ces soins, ces attentions, ces prévenances ingénieuses, quelques-unes puériles, parlaient au cœur d'une famille dont tous les membres étaient foncièrement bons, et qui ne voulaient pas laisser auprès d'eux la moindre prise à la souffrance, même à la gêne. Leur pitié, comme il arrive à tant de gens bienfaisants à demi, ne s'arrêtait pas à l'humanité. Elle s'étendait à toutes les créatures, si infimes qu'elles fussent, à tout ce qui est capable de sentir, à la plante même, qui n'est sans doute qu'un être d'ordre inférieur, inflexiblement attaché au sol, d'autant plus digne d'intérêt alors et de sympathie. Il n'était pas possible de pénétrer dans ce domaine isolé au bord des flots bleus, sans éprouver un effet particulier de paisible satisfaction qui vous détendait l'âme et la prédisposait à la bienveillance. Tout engageait à la douceur, à la modération ; tout invitait à je ne sais quelle sereine et pure quiétude ; et l'hospitalité qu'on y recevait était invinciblement persuasive. On eût dit un enseignement.

Le capitaine Thierry éprouvait-il, à son insu, quelque chose de l'exquise sensation que nous avons essayé d'exprimer ? Il fut, dès le début, trop profondément troublé pour s'en rendre compte. Le maître du domaine, le kebbir, comme on l'appelait, cet homme qu'il avait connu presque enfant, il osait à peine le traiter avec la familiarité habituelle aux anciens compagnons d'études, et, fasciné par son évidente supériorité, surtout par le charme souverain qui se dégageait de sa personne, il le comparait involontairement à ces hommes des temps passés, qui ne voyaient dans la vie qu'une occasion de s'élever jusqu'à la sagesse.

Noëmi ressentait la même impression, quoique d'une manière moins sensible. Il est vrai qu'elle était d'un sexe façonné par la nature en vue de la soumission. Elle n'avait pu s'empêcher d'admirer le respect dont chacun, auprès d'elle, entourait le chef de famille. Mais, quand, posant le pied sur le seuil de sa demeure, elle vit s'avancer vers elle, pour l'accueillir, une grande femme aux cheveux noirs, au teint mat, jeune encore d'apparence et très-belle, quoiqu'elle eût atteint la maturité de l'âge, elle fut subjuguée par l'air de bonté qui rayonnait autour du front de cette femme. Et, non parce qu'elle devinait en elle la mère de son sauveur, ni même parce qu'elle se sentait orpheline, elle reçut au cœur, comme une caresse ; et, serrant les deux mains que lui tendait son hôtesse, il lui sembla que, si elle n'était pas forcée de la quitter pour suivre son père, et s'il était jamais possible à une fille d'oublier sa mère morte, elle n'aurait plus bientôt personne à pleurer.

Un autre enchantement l'attendait, celui-là s'adressant tout d'abord aux yeux. Comme ses hôtes, après l'avoir laissée quelque temps reposer, la promenaient dans le jardin, elle se trouva soudain en présence d'une jeune fille dont la figure et le maintien dépassaient tout ce qu'elle avait jamais rêvé de plus pur. On les présenta l'une à l'autre et elles s'embrassèrent. La nouvelle venue était celle que Maumenèsche avait désignée sous le nom de Marguerite et comme étant la sœur d'Étienne. Elle était de moyenne taille, blonde, avec des cheveux de soie d'une nuance d'or pâle à reflets, et ses yeux d'un bleu sombre avaient une céleste expression de candeur. La pureté de ses traits était comme augmentée par cet air d'étonnement, mêlé de modestie, qui n'appartient qu'aux vierges. Son teint avait la clarté des fleurs, et rien en elle ne semblait provenir de la terre. Nul désir ne pouvait vous prendre devant cette beauté séraphique, si ce n'était celui de joindre les mains pour l'adorer. Elle était constamment rêveuse et non point triste. Elle parlait peu, en rougissant et baissant les yeux. On eût dit que quelque chose la troublait alors en détachant sa pensée du ciel.

Une particularité la complétait de façon charmante. Elle était tout entière et toujours habillée de blanc. Sa mère, pieuse Espagnole, pendant une maladie qui atteignit sa fille au berceau, l'avait vouée à cette couleur, emblème d'innocence et de vertu, jusqu'au jour de son mariage. Ses vêtements, de laine fine, faisaient si bien valoir le charme de sa personne, qu'ils semblaient inhérents à elle. Il était impossible de se la représenter autrement vêtue. Elle portait avec aisance ses longs voiles traînants, et jamais elle n'y souffrait un grain de poussière. Nulle souillure, en effet, ne devait altérer la blancheur de sa robe, encore moins l'immuable blancheur de son esprit. Les colombes ont de ces pudeurs, comme les cygnes, comme certaines âmes de choix, sortes de spécimens d'un monde meilleur, créées pour rassurer l'humanité, lui donner la patience, et la consoler de ses hontes, de la grossièreté de ses besoins, de la fatale impureté de ses amours.

Ce fut surtout pendant le dîner que le capitaine et sa fille purent apprécier les caractères différents de chacun des membres de la famille qui les avait si gracieusement accueillis. Le dîner fut servi dans la cour de la maison des hôtes, comme si, par un raffinement de délicatesse, on eût voulu leur faire entendre que c'étaient eux qui traitaient les maîtres de la demeure, et non les maîtres qui les recevaient chez eux. Le capitaine était assis à la place d'honneur, Noëmi se tenait en face de lui, un peu troublée de son rôle, et leurs quatre convives se groupaient entre eux. Le repas fut frugal, quoique substantiel ; deux nègres servaient en silence, et la plus franche cordialité régnait entre les nouveaux amis. La mère, grave et douce, avait l'œil à tout, autour d'elle. D'un signe presque imperceptible, elle se faisait comprendre de ses serviteurs, et, quand l'un d'eux, oublieux ou distrait, lui avait paru mériter une courte réprimande, elle la lui adressait en langue arabe, à voix basse et sur le ton de l'affabilité. Le nègre s'inclinait alors et baisait respectueusement la main de sa maîtresse ; puis il reprenait son service, imperturbable, mais joyeux dans le fond du cœur, car les reproches mêmes, en passant par les lèvres de cette femme parfaite, étaient agréables à entendre. De même que son fils veillait à ce qu'elle ne manquât de rien et lui rendait affectueusement ces soins qui plaisent aux femmes, son mari entourait Noëmi de prévenances délicates qui, provenant d'un pareil homme, lui remplissaient le cœur de joie et de fierté. Le kebbir avait un talent tout particulier pour parler aux jeunes filles ; il savait les mettre à leur aise, et il y avait quelque chose de compatissant dans la manière dont il les entretenait. Sa blanche Marguerite, assise auprès de lui, était également l'objet de ses soins ; mais, comme si, lui aussi, il eût été soumis à l'étrange influence de cette vierge placide, il ne pouvait se défendre d'une sorte de trouble involontaire auprès d'elle, et, par un renversement singulier de leurs situations respectives, c'était elle qui lui parlait avec l'aisance d'un père et lui qui la traitait avec le respect d'un enfant. Marguerite, devant sa mère seule, se sentait, non pas gênée, car nul ne pouvait l'être sous les yeux d'une telle femme, mais vaguement émue ; il y avait un peu d'attendrissement instinctif dans son affection. Quant à Étienne, modelant sa conduite sur celle de son père, il évitait avec soin de faire la moindre allusion aux événements de la matinée, et, quand le capitaine les rappelait, le kebbir et son fils, comme d'un commun accord, laissaient tomber la conversation, puis s'exerçaient à lui faire prendre un autre cours. Dans la pensée de ces deux hommes nés l'un de l'autre et dont les sentiments ne faisaient qu'un, paraître se souvenir d'un service rendu, c'était le diminuer de moitié.

Il s'en fallait de beaucoup, cependant, qu'Étienne eût oublié ce qui s'était passé entre Noëmi et lui, le jour même. Il s'en fallait davantage encore qu'il pût la regarder d'un œil indifférent. Un commun péril heureusement traversé est un lien puissant pour deux jeunes âmes. Il est fait pour préoccuper à jamais leur mémoire. D'ailleurs, vivant dans ce désert et se trouvant soudain, à vingt ans, avec un cœur impétueux en présence d'une fille si douce, si belle, si bien faite pour ravir l'esprit et pour plaire aux yeux, était-il possible qu'Étienne demeurât maître de lui-même? Et Noëmi, toute pleine qu'elle était de reconnaissance, rencontrant pour la première fois un jeune homme dont toute femme eût apprécié les sentiments, et remarqué la figure et les manières, malgré la résolution qu'elle avait prise de consacrer sa vie à son père, à cause même de cette résolution peut-être, pouvait-elle se défendre devant lui d'une sorte de trouble? Ni l'un ni l'autre ne songeaient à ces froides considérations. A quoi songeaient-ils donc? A eux-mêmes. Et, avec un muet embarras, chacun d'eux, ne prenant aucune part à la conversation générale, demeurait rêveur. Ils n'échangèrent point une parole. Et, s'ils se regardèrent, une fois ou deux, pendant le cours du dîner, ce fut avec la rapidité de l'éclair et en rougissant jusqu'aux yeux.

Cependant, le repas étant terminé, les serviteurs donnèrent à laver; puis Marguerite, se levant, aspergea les convives d'eau de jasmin, suivant la coutume des Maures. Il était encore de bonne heure, mais les voyageurs étaient fatigués; Marguerite emmena Noëmi dans la maison des femmes, et le capitaine fut laissé chez lui. De la chambre qu'on lui donna, Noëmi entendait les nègres du kebbir chanter joyeusement, en s'accompagnant du *rebab* et du *darbouka* (1), pour célébrer l'arrivée de Faitha et d'Ourida, la couleur établissant une sorte de parenté entre ces créatures naïves. Maumenèsche dormait déjà sur la banquette extérieure de la maison des hôtes. Bientôt tout s'éteignit dans la blanche demeure, les lumières comme les chansons. Le seul platane debout dans la cour continua de murmurer voluptueusement en balançant son grand dais de feuilles. Mais, parmi tous les individus rassemblés là, cette nuit, par le hasard des événements, il en fut deux qui, affectés de sentiments divers, ne

---

(1) Le *rebab* est une sorte de rébec. Le *darbouka* consiste en un pot de grès allongé dont l'ouverture est bouchée par une feuille de parchemin. Le musicien frappe du bout des doigts cette feuille tendue et en tire une note sourde qui rappelle — les grelots en moins — celle du tambour de basque.

dormirent pas et qui, jusqu'au lever du jour, s'agitèrent en vain sur leur couche. Maumenèsche fut le seul qui, remarquant leur commune pâleur, s'en douta le lendemain, et cela ne le surprit pas, mais il n'en dit rien à personne.

VII

LE CÈDRE.

Le lendemain, le capitaine s'éveilla avec le jour, et, ne sachant que faire jusqu'à ce que ses hôtes et sa fille sortissent de leur chambre, il alla se promener dans le jardin. L'aube venait à peine de se lever. La lune au disque pâli glissait entre de légers nuages qu'elle teignait de nuances d'agate. Le ciel était d'un bleu délicat, tendre, satiné. Il blanchissait vers le levant, et les étoiles se mouraient avec des tremblements pudiques. Une fraîcheur délicieuse embaumait l'air, que nul souffle de vent n'agitait encore, et il y avait dans la nature quelque chose de mystérieux.

Le promeneur matinal, traversant une pépinière

d'orangers, se dirigea vers un cèdre énorme sous lequel s'arrondissait un banc de gazon et d'où l'on découvrait un vaste paysage. A sa droite s'étendait la rivière où il avait failli périr avec sa fille et ses serviteurs. Mais il eut quelque peine à la reconnaître. Les masses d'eau qu'elle roulait la veille, à grand bruit, s'étaient écoulées dans la mer, et, comme avant l'orage, elle ne présentait plus qu'une immense traînée de cailloux. La première île, boueuse alors et dépourvue de végétation, apparaissait comme étalée, écrasée, et nulle trace ne subsistait de la grotte où les naufragés avaient trouvé un refuge. Quant à la seconde île, elle était demeurée intacte, avec ses verts buissons et ses trois arbres. Tout le pays, aux alentours, jusqu'à la baie du Montararach, se montrait aux yeux souriant et comme endormi, et pas un bruit ne s'en exhalait, si ce n'était celui des gouttes de rosée tombant sur les feuilles.

Au moment où le capitaine arrivait sous le cèdre, le soleil rapide et vermeil jaillit au-dessus d'un mont, dans un floconnement de nuages. De là, il projeta dans le ciel de grandes raies de lumière; puis il gagna la plaine d'azur, et, contractant alors ses rayons, il resplendit en l'air comme une sphère éblouissante. Aussitôt tout se colora dans le paysage; les plans s'accentuèrent ; l'horizon recula ; la chaîne des Zougara, toute rose, surgit en de suaves profondeurs, et la brise accourut, joyeuse et frissonnante, ridant légèrement la face des eaux.

Le capitaine était encore en contemplation devant ce spectacle quand il entendit un bruit de pas, et son hôte le rejoignit. Le kebbir aborda affectueusement son ancien camarade ; il s'excusa de n'avoir pu consacrer, la veille, quelques moments à s'entretenir avec lui de leurs souvenirs d'enfance, et, le priant de s'asseoir sur le banc de gazon, il y prit place à son côté. Les deux amis échangèrent alors quelques réflexions sur le hasard qui les avait si singulièrement réunis, après une séparation de trente années ; puis, sur l'invitation de son hôte, le capitaine raconta les vicissitudes de son existence. Malgré la joie qu'il éprouvait à se trouver sain et sauf, ainsi que sa fille, après avoir surmonté de si grands dangers, il ne put complétement dissimuler la profonde tristesse qui lui était restée au cœur, provenant de sa santé altérée, de son ambition trompée, et surtout de la triple perte qu'il avait faite.

Le kebbir écouta ce récit avec une attention sympathique. Quand le capitaine eut tout dit, il lui serra la main en silence. Il savait qu'il est des chagrins dont on ne peut parler, même pour essayer de les adoucir, sans les raviver. Après quelques secondes de méditation, il chercha cependant à fortifier son ami contre lui-même ; il lui donna de sages conseils pour rétablir sa santé, ce qui lui paraissait possible dans un climat aussi sain que le littoral de l'Afrique ; enfin il mit tout son crédit à son service pour lui faire obtenir l'avancement qu'il avait si bien mérité. Cette proposition, faite spontanément, arracha un triste sourire au capitaine. Il remercia son hôte ; puis, comme s'il eût été pressé de quitter ce sujet de conversation, y trouvant quelque chose de mortifiant pour son amour-propre, il secoua la tête et répondit :

— Je vous en prie, ne parlons plus de moi, mais de vous. Cela sera sans doute moins attristant que de nous appesantir sur mes peines. — Il est une question que je suis impatient de vous adresser depuis hier : par suite de quelles circonstances avez-vous donc renoncé à votre carrière pour vous installer ici ?

Le kebbir, entendant cela, ne put s'empêcher de sourire.

— Je prévoyais votre question ; je puis même dire que je l'attendais, répondit-il. Il n'est pas ordinaire, en effet, de voir un homme placé dans ma position quitter le service, à quarante ans, pour se séquestrer dans une ferme isolée avec sa famille.

— Évidemment ! fit le capitaine.

— Je vais vous expliquer les causes de ma conduite, reprit le kebbir. Elles sont diverses. D'abord, je n'ai jamais aimé notre profession.

Le capitaine, à ces mots, ne put retenir un mouvement. Le kebbir continua :

— Non, je n'ai jamais aimé notre profession. Je n'en ai jamais eu l'esprit, ni les goûts, ni les préjugés, ni les défauts, ni même les vertus peut-être. J'ai toujours détesté la dépendance. La force qui agit et ne raisonne pas m'a toujours révolté, et, la première fois que je me suis vu les pieds dans le sang d'un champ de bataille, je me suis fait horreur à moi-même. Cela provient peut-être d'une faiblesse. Je ne l'examine pas. Je ne veux même pas le savoir. Je constate un fait. Voilà tout.

— Mais, si vous n'aimiez pas votre profession, fit le capitaine, pourquoi l'avez-vous prise ?

— Connaît-on les choses avant de les avoir expérimentées ? demanda le kebbir. Les jeunes gens surtout savent-ils bien exactement ce qui, dans les diverses conditions de la vie, pourra leur agréer ou leur déplaire ? A quinze ans, j'étais un enfant docile et plein de bonnes intentions. On m'eût dit qu'il me fallait être magistrat, professeur, marin, j'aurais obéi. Mon père, émigré et à demi ruiné par la Révolution, m'indiqua le métier des armes comme étant le seul, selon lui, qui pût convenir à un gentilhomme de peu de fortune. Je respectais mon père ; je l'avais toujours vu si honorable, si humain, que je l'écoutais comme un oracle ; je choisis donc l'état qu'il m'indiquait.

— Mais, puisque cet état vous déplaisait, pourquoi ne l'avez-vous pas quitté plus tôt ? demanda le capitaine.

— Pour deux motifs. Le premier, c'est que, à la mort de mon père, ayant abandonné à ma jeune sœur la part qui me revenait dans notre commun héritage, si j'avais donné ma démission, je me serais trouvé sans ressources. Le second, c'est que, peu de temps après avoir quitté l'École militaire, je parvins à me faire attribuer des fonctions qui satisfaisaient à peu près mes goûts. J'étais alors en Algérie, et j'avais obtenu un emploi dans les bureaux arabes de la province de Constantine. Au lieu donc de passer mon temps, comme la plupart des jeunes officiers, dans le désœuvrement forcé de la paix, — à errer de garnison en garnison, — n'ayant d'autres distractions que l'étude de la théorie, je me vis obligé de mener une existence active, toujours en plein air et des plus sérieusement occupées. Je vous étonnerais bien si je vous disais le nombre de connaissances qu'il me fallut acquérir, en dehors de celles qui sont inhérentes à notre profession, pour pouvoir gouverner les tribus du cercle dont, après un noviciat de quelques années, on me donna le commandement. Apprenez seulement que l'étude de la langue arabe, celle de nos lois, des lois musulmanes, de la comptabilité, des moindres choses relatives aux travaux publics et aux divers procédés de la culture européenne, durent être complétées chez moi par l'intelligence des mœurs indigènes, et par les renseignements les plus étendus sur la topographie du territoire placé sous mes ordres, sur ses ressources et les dispositions de ses habitants. J'étais bien moins soldat qu'administrateur. Mon devoir consistait bien moins à me perfectionner dans l'art militaire qu'à améliorer le sort des Arabes, à faire régner parmi eux la justice, la paix, et, comme tel, il me plaisait. Eh bien, après avoir mené pendant vingt ans cette fortifiante existence, qui m'en apprit bien long sur les hommes et les mystères de la vie humaine, un jour survint où je fus obligé de la quitter. Je n'accuse pas l'État. Il a ses obligations, il doit avoir ses exigences. Il ne peut tolérer que des officiers concentrent leurs aptitudes sur un seul point de leurs fonctions et dans un seul lieu du pays. D'ailleurs, en m'enlevant aux occupations qui m'étaient familières pour me donner un régiment à commander en France, on m'avançait dans ma carrière, on me mettait sur la voie nécessaire pour obtenir de nouveaux grades, on favorisait mon ambition. Malheureusement, au rebours de la plupart de mes camarades, je n'avais aucune ambition. Il me plaisait d'administrer, de vivre au grand air, dans un pays merveilleux où l'existence est douce et facile, où les yeux et l'esprit sont perpétuellement satisfaits ; il ne me plaisait pas d'habiter une caserne jusqu'au jour où l'on m'occuperait à guerroyer. De plus, je m'étais marié, et la mort de ma sœur m'avait fourni des moyens d'indépendance. Ma sœur était veuve, sans enfants, j'étais son unique héritier. En me voyant une certaine fortune devant moi, je résolus de vivre à ma guise, et, en dépit des sollicitations de mes supérieurs, quand le jour fut venu de choisir entre une démission et un régiment, j'optai pour la démission.

— Eh bien, mon cher colonel, s'écria M. Thierry avec un soupir, si vous me permettez de vous parler avec franchise, je vous dirai que, dans ma pensée, en agissant ainsi, vous avez eu le plus grand tort.

— Pourquoi ? fit le kebbir avec bonhomie.

— Parce que, aujourd'hui, si vous aviez un peu violenté vos goûts, vous seriez depuis longtemps général, et que, grâce à vos talents et aux excellents états de services que vous devez avoir, il ne serait pas de situation, si brillante qu'elle fût, à laquelle vous ne pussiez aspirer !

— C'est possible ! dit le kebbir. Mais à quoi cela me servirait-il ?

— Mais..., fit le capitaine désorienté, tous les hommes cherchent à acquérir du pouvoir et à s'élever, et je ne comprends rien à votre caractère, si vous préférez l'humble position de colon aux honneurs qui vous attendaient.

— Cela provient de ce que vous ne m'avez pas compris, répondit le kebbir. Je vous ai dit tout à l'heure que je n'avais aucune ambition. J'ajoute maintenant que nulle situation ne peut valoir pour moi la situation modeste et paisible que je me suis faite. Croyez-vous que ce ne soit rien, reprit-il comme le capitaine allait l'interrompre, que de n'exciter l'envie de personne, et de n'avoir pas à trembler chaque jour à l'idée que des ennemis secrets, acharnés, cherchent perfidement à vous renverser ? J'ai connu la plupart des hommes les plus haut placés de mon temps ; quelques-uns avaient mérité leur élévation par de très-grands services et d'incontestables talents ; eh bien, je les ai tous vus malheureux, regrettant la médiocrité, n'osant pas ou ne pouvant pas abdiquer, habitués qu'ils étaient à voir converger sur eux tant d'espoirs, de prières, de caressantes sollicitations, d'hommages, de flatteries, obsédés cependant, ne s'appartenant plus, et plus embarrassés de la vie qu'un avare ne l'est de trésors, stériles pour lui, qu'il veut conserver, et dont la possession, toujours convoitée, trouble son sommeil. Quels que soient vos droits, vos capacités, votre dévouement, votre loyauté, vous ne pouvez vous maintenir à certains postes éclatants qu'au prix d'humiliations, pires pour certaines gens que la perpétuité des craintes. Ceux qui acceptent ces humiliations sont bien à plaindre. Ils voient l'ingratitude et la trahison dans les yeux de chacun de ceux qui les approchent. Ils sentent que leur perte, leur mort surtout ferait le bonheur de mille jaloux. Ils se savent calomniés, méprisés, haïs, et ballottés perpétuellement par des intrigues sans cesse renaissantes qui s'attaquent à leur honneur, car on veut au moins les déshonorer, si on ne peut parvenir à les culbuter; ils ne sont jamais assurés de conserver ces dignités qui font leur gloire et leur supplice, et, pour ceux qui, bons ou mauvais, ne peuvent éviter de faire quelque bien, la chose la plus difficile à rencontrer, celle qu'ils arrivent à ne plus connaître, c'est une amitié vraie, sincère. Les hommes consentent à servir, mais ils n'aiment point qui les dépasse, et le meilleur d'entre eux trouve je ne sais quoi d'amèrement consolant dans sa propre ruine, quand elle provient de la ruine d'un plus puissant.

— Sans doute ! Il y a certainement du vrai dans tout cela, dit le capitaine après un moment de réflexion; mais bien des gens supporteraient les épreuves d'une telle existence, par intérêt pour leurs enfants.

A ces mots, le kebbir releva la tête.

— Je dois à mes enfants, répondit-il, l'affection, l'éducation, des principes de morale, de sages conseils, des ressources pour vivre, ou, au besoin, pour gagner leur vie. Je leur dois de les mettre sur la voie qui, selon moi, peut les approcher le plus du bonheur. Je ne leur dois pas mon suicide. Je suis constitué de telle sorte, que je mourrais plutôt que de vivre de la vie des grands, de me soumettre à l'intrigue et de me sentir haï. Mes enfants, au surplus, n'accepteraient pas une illustration de seconde main, qui serait le supplice de leur père. Et, si vous permettez que je vous dévoile le fond de ma pensée, je vous dirai que, selon moi, il n'est pas bon pour des jeunes gens de n'avoir pas expérimenté les rigueurs de la vie, et d'y entrer tout droit par cette porte beaucoup trop haute et beaucoup trop large que les anciens nommaient la *porte d'or*. Les conditions élevées, comme les grandes fortunes, ont leurs dangers. Ne travaille pas qui n'est point obligé de travailler, et le désœuvrement rend toujours méchant ou stupide. Parmi tous les enfants de pères très-riches, ou occupant des postes éminents, combien en voyez-vous qui se montrent vraiment dignes de leur fortune ou du nom qu'ils portent?

— Je ne dis pas, fit le capitaine, et, sous un certain point de vue, vous pourriez bien avoir raison. Cependant votre femme partage-t-elle vos idées? Elle, qui semble si bien faite pour être l'ornement de la société, n'est-il pas regrettable de l'avoir ensevelie dans ce désert?

En entendant cela, le kebbir ne put s'empêcher de rire.

— Tous les hommes, répondit-il, du moins les hommes de bon sens et de sentiments délicats, cherchent à rencontrer dans une épouse la personnification d'un certain idéal de beauté, de bonté et de pureté. Il en est fort peu qui le trouvent. S'il n'y avait quelque chose de messéant dans le fait d'un mari vantant les qualités de sa femme, je vous dirais que la mienne a dépassé ce que je rêvais, et qu'il n'est pas de jour où je n'aie lieu de remercier le ciel de m'avoir donné pour compagne cette sainte créature dont l'humeur est toujours égale et l'âme passive. Vous dites qu'elle ferait l'ornement de la société? J'en conviens. Mais n'y serait-elle pas un peu déplacée, elle, vouée par goût aux soins de sa maison, à l'éducation de ses enfants, elle qui n'a rien dans l'esprit de vain ni de futile? Voudriez-vous qu'elle abandonnât tant d'occupations pieuses et douces pour l'unique plaisir de se faire admirer dans les salons, pour s'y faire détester peut-être, y montrant un caractère et des penchants qui sembleraient une perpétuelle critique, et d'ailleurs n'y sont pas de mise? Vous demandez si elle partage mes idées? Sans doute! Pour mieux dire, elle s'en rapporte à moi de la direction de ses idées, et elle n'est pas la seule, au surplus, qui dans ce pays se soit accommodée de la solitude. Parcourez-le. Vous en rencontrerez plus d'une, des femmes d'officiers, de colons, qui, sans valoir ma femme absolument peut-être, étaient faites comme elle pour briller dans le monde, et s'estiment heureuses de n'avoir pas à partager ses mornes plaisirs. Votre fille elle-même, si charmante que chacun peut vous envier le bonheur d'être son père, il n'est pas dit qu'elle ne se plaira pas un jour parmi nous, comme tant d'autres. Il n'y a pas ici que des barbares et des banqueroutiers, comme on le croit en France. Les classes les plus élevées de la société y ont des représentants. Vous trouverez plus d'un millionnaire dans nos établissements ; et bien mieux que des millionnaires : des gens instruits, honnêtes, un peu désabusés, peut-être, mais d'esprit éclairé et de mœurs pures.

— Je n'en disconviens pas, dit le capitaine, quoique vous soyez le premier de cette sorte que j'y aie rencontré depuis deux mois. Cependant, moi qui pourrais, comme vous, quitter le service, et vivre, ici ou ailleurs, de mes modestes revenus, je n'ai pas le moindre désir de le faire. Je vais sans doute vous paraître vulgaire et bien prosaïque ; cela ne m'empêchera pas de vous dire que je hais le désœuvrement. Et c'est précisément à cause des chagrins qui m'ont accablé dans le cours de mon existence, que je suis loin de partager votre amour pour la solitude.

— C'est que vous n'en avez jamais essayé, reprit le kebbir, ou plutôt que vous n'avez jamais connu de solitude complète. Si, comme moi, puisqu'il ne dépendait que de vous de ressaisir votre indépendance, attristé du spectacle du mal et désolé de n'y pouvoir apporter aucun remède, vous aviez pris sur vous de renoncer à la vie artificielle du monde, dont toutes les conventions reposent sur l'hypocrisie, où l'habitude, la banalité, énervent les âmes les plus originales et les mieux trempées, où l'ineptie de la routine le dispute à la sottise des préjugés ; si, comme moi, fatigué de l'éternelle répétition de tant de choses navrantes que chacun accepte, il est vrai, mais qui finissent par ulcérer le cœur des hommes sensibles et justes, vous aviez, afin d'échapper au désespoir, résolu de rompre à jamais avec ce monde où l'on n'a guère de sympathie que pour les habiles ; où la société, par ses lois, ses usages, sa morale mesquine, sous prétexte de protéger l'individu, lui enlève peu à peu toute initiative et toute liberté ; où chacun est inquiet, douloureusement railleur, et s'agite entre le désir de satisfaire des besoins factices et celui de ravaler autrui par envie ou par impuissance de le dépasser ; même souffrant comme vous l'êtes, même meurtri dans vos plus chères affections, vous auriez trouvé, dans la solitude, d'abord un grand apaisement à vos chagrins, puis une sérénité sans pareille. Quelques hommes légers et blasés ont pu, dans ces derniers temps, avec plus d'esprit que de bon sens, railler cet amour de la nature qui passionnait nos pères. Il n'en reste pas moins acquis à l'expérience que le rapprochement de l'homme et de la nature est seul capable de régénérer les âmes, de les retremper, et de leur donner cette vertu de laquelle découlent toutes les autres : le sentiment de l'indépendance dans la dignité. Ici, nous ne connaissons d'autres entraves que celles qui sont imposées par la vie à l'humanité. L'homme n'y gêne pas l'homme de sa présence, qui, à elle seule, constitue presque toujours un antagonisme, et rien ne nous distrait de la contemplation des grandes choses. Vous parliez tout à l'heure du désœuvrement. Je le hais, pour le moins, autant que vous ; mais je hais encore davantage les occupations oiseuses. Dans ce désert où vous me croyez désœuvré, je travaille bien plus que je ne pourrais le faire à Paris. Là, misérable esclave des relations sociales, je ne m'appartiendrais et ne me retrouverais que de temps à autre. Ici, je puis toujours me replier sur moi-même. Pas une découverte ne se fait dans la science, que je ne l'apprenne. Pas un progrès ne s'établit dans l'art de penser, que je ne le constate. Spectateur désintéressé, j'assiste de loin au mouvement intellectuel du monde entier. Placé volontairement en dehors de la société, devant moi, je vois d'un regard, non plus un petit centre de lumières, mais, en réalité, toute la terre. Je juge mieux les événements, n'y prenant point une part directe, et n'y voulant jouer aucun rôle. Il n'est rien de plus triste, selon moi, que de voir l'homme, hôte fugitif de ce globe merveilleux, le quitter sans l'avoir connu, sans avoir éprouvé seulement le désir de le connaître, sans essayer de se rendre compte des admirables lois qui le gouvernent, sans rien ou presque rien savoir de son histoire, de sa nature et de ses conditions d'existence. Parlez-moi des progrès de la civilisation, quand, sur un million d'hommes, il en est à peine un qui se fasse une idée confuse de la terre qu'il habite et du soleil qui l'éclaire! La science de Kepler et de Galilée a pu supputer le poids des étoiles; elle a pu connaître, en partie, la composition chimique des astres dont la lumière traverse des milliards de lieues pour nous parvenir; elle sait quels sont les corps que la température des sphères incandescentes volatilise; et le troupeau des hommes, que dis-je! la plupart des élus, des heureux de cet étrange troupeau n'ont même pas la curiosité de ces prodiges. Le nez penché à terre, en quête de jouissances matérielles, ils vont, ils mangent, digèrent, se poussent et se battent comme des moutons pour se hausser les uns sur les autres ; ils se reproduisent et meurent, et c'est là tout. En vérité ! on peut, à la rigueur, s'accommoder de la méchanceté humaine ; on ne peut prendre son parti de sa bêtise ! Eh bien, je n'ai pas voulu la partager, cette bêtise ! Depuis dix ans que je suis ici, uniquement occupé, suppose-t-on, de la culture de mes terres, j'ai refait, en entier, mon éducation en faisant celle de mon fils ; et maintenant, quand le moment sera venu pour moi de quitter la vie, je pourrai dire avec fierté, moi aussi : Il n'est pas un mystère de la nature que je n'aie sondé, un phénomène physique ou physiologique que je n'aie cherché à m'expliquer, une grande chose que je n'aie sentie, appréciée, et ce monde, dans ses replis et ses détours infinis, m'a appartenu autant qu'il peut appartenir à un homme !

Le kebbir rayonnait en parlant ainsi. Il s'était échauffé peu à peu, et, à mesure qu'il avançait dans le développement de sa pensée, il paraissait n'avoir plus d'autre préoccupation que celle de l'exprimer avec force et avec franchise. Cependant, faisant un subit retour sur lui-même, il craignit de s'être laissé emporter trop loin, et d'avoir ainsi involontairement adressé une sorte de leçon à son hôte. Il ignorait encore, en effet, si cet hôte partageait une seule de ses idées, et la répulsion que celui-ci avait montrée pour la principale lui fit tout à coup supposer qu'il pouvait fort bien répudier toutes les autres. Se tournant donc vers lui, il se mit à sourire, et, lui tendant la main :

— Dieu me pardonne ! s'écria-t-il, je crois que vous allez me prendre pour quelque redresseur des torts de l'humanité. Je ne suis cependant rien moins que cela, je vous le jure. Je pense que, par ma manière de vivre et par mes idées, j'ai raison contre le matérialisme de mon siècle; mais je ne m'offre en exemple à personne, et je serais désolé que vous vissiez autre chose qu'un épanchement de cœur dans ce que je viens de vous dire. Je vous en prie, ne voyez en moi qu'un homme qui obéit à sa nature et à ses instincts, qui s'en trouve bien, et donnerait volontiers une part de sa félicité pour enlever à ses amis leurs légitimes sujets de tristesse.

Le capitaine, à ces derniers mots, répondit à l'étreinte de la main qui tenait la sienne. Puis, désireux qu'il était de poursuivre jusqu'au bout son investigation intellectuelle :

— Votre fils, dit-il au kebbir, ne peut partager votre répulsion pour le monde, car il ne l'a pas connu. Consentira-t-il, comme vous, à passer sa vie dans la solitude ? Avez-vous réellement travaillé à son bonheur en l'isolant de ses semblables et lui donnant l'exemple de votre... comment dirai-je ? de votre sauvagerie ?

— D'abord je n'ai pas de sauvagerie, reprit en riant le kebbir. Qui dit sauvagerie dit farouche humeur et haine, et, Dieu merci ! vous avez pu vous apercevoir que ces vilains défauts me sont étrangers. J'ai l'amour de la nature, de l'étude, de l'isolement, et rien d'amer, chez moi, ne se mêle à cet amour. Ensuite, je n'ai jamais imité ces prétendus esprits libéraux qui ne sont, au fond, que des tyrans déguisés, et ne réclament la liberté politique qu'en usant du pouvoir d'opprimer leur famille et les malheureux qui les servent. Je ne me suis jamais cru le droit de plier à mes goûts les goûts de mon fils. J'ai cherché à lui donner des idées justes et à le prémunir de bonne heure contre le mensonge et les apparences. En même temps, j'ai toujours garanti son cœur de l'orgueil et de la haine. Je lui ai répété à satiété que le devoir nous obligeait à secourir même les gens que nous ne pouvons estimer. J'ai fait plus : ne voulant pas qu'un jour il pût m'accuser de l'avoir influencé dans la direction de sa vie, ni regretter jamais un monde qui lui serait apparu embelli des séductions que l'inconnu prête à toutes choses, je lui ai fait connaître ce monde. Pendant un an, nous avons parcouru ensemble toutes les contrées de l'Europe. Je lui ai fait toucher les plaies, sonder les abus de toute sorte qui proviennent d'une société où l'intérêt remplit l'office de clef de voûte. Je me suis exercé à ne lui laisser aucune illusion sur l'hypocrisie, cette lèpre des temps modernes ; et je lui ai prouvé surtout que les rivalités, la haine, la plupart des mauvaises passions ne proviennent que de l'ignorance, de la vanité, de l'envie, de tant de vices étroits perpétuellement surexcités par l'entassement contre nature des hommes dans les villes, et de l'amour extravagant, presque bestial, des biens matériels. Il s'est trouvé que cet enfant sentait comme moi. Il ne put voir froidement les misères engendrées par une civilisation poussée à outrance. Cela lui parut si triste, et tant d'autres faits petits, lâches, triviaux, offensèrent son esprit, qu'il en vint à me supplier de le ramener dans notre désert. Et ne me dites pas qu'il est malheureux de tant savoir de si bonne heure, ni qu'il est devenu sceptique; car je vous défie de trouver un garçon de son âge d'aussi gracieuse humeur et qui soit aussi désireux de rendre service à autrui.

— Ma fille et moi, nous en savons quelque chose, répondit le capitaine. Mais excusez mes doutes, mes appréhensions. Vous conviendrez avec moi que tout homme doit se rendre utile à son pays et travailler dans la mesure de ses forces et de ses moyens au bien-être de ses semblables? Que ferez-vous de votre fils? Il est d'âge à prendre un état.

— J'en ferai un cultivateur, comme moi, dit le kebbir, et, si vous connaissez un plus noble état, nommez-le-moi, que je le lui donne.

A ces mots, prononcés avec l'accent du plus complet abandon, le capitaine fit un geste de surprise. Le kebbir reprit :

— Pensez-vous que cela ne vaudra pas mieux, pour lui, que de vivre de l'existence des jeunes gens de son âge? de déflorer son cœur en le donnant en pâture à je ne sais quelles voluptés empoisonnées? et, en même temps, de s'étioler, pour tripler ou quadrupler sa fortune, dans l'atmosphère fétide d'un comptoir? ou bien d'apprendre je ne sais lequel de ces métiers, honorables sans doute, mais qui lui mettront constamment sous les yeux le flétrissant spectacle des hontes et des misères de l'humanité? Non, mon cher. Mon enfant, et c'est là son plus impérieux désir, vivra de la vie des champs comme son père, fera le bien comme sa mère, et se délassera de ses travaux par l'étude, qui, seule, étouffe dans leur germe les mauvaises passions.

Le capitaine n'avait jamais entendu de tels exposés de principes. Toutes les idées qu'il avait acceptées docilement de la société étaient ébranlées. Pour lui qui n'avait jamais cherché à sonder le fond de la vie, et dont l'ambition se réduisait à parcourir sa carrière le plus honnêtement et le plus avantageusement possible, il y avait quelque chose de si surprenant dans cette indépendance de langage, qu'il en était abasourdi.

— Tout cela, selon moi, reprit-il après un moment de silence, n'est qu'une affaire de tempérament. Si votre famille est heureuse, si elle ne regrette rien du monde, vous avez eu cent fois raison d'agir comme vous l'avez fait. Je ne discuterai plus avec vous sur des questions où vous pourriez toujours me battre en m'opposant la félicité, bien rare chez les hommes, dont vous jouissez. Vous représentez à mes yeux un objet tout nouveau et que je croyais introuvable : une sorte de misanthrope content de son sort, un Alceste à l'âme paisible, un Timon qui pardonne à l'humanité. Ce que d'autres ont fait par désespoir, à la suite d'un violent chagrin, de la ruine de leurs espérances, en haine de tout ce qui respire, vous l'avez fait, vous, pour obéir à un besoin de votre nature. Je ne vois rien à reprendre à cela. Dites-moi, cependant : quand vous avez pris la résolution de quitter le service, qui vous a suggéré l'idée de vous installer ici ?

— Je connaissais ce lieu pour y avoir fait campagne autrefois, répondit le kebbir en souriant de la dernière observation de son camarade. J'avais été charmé de sa solitude, de sa beauté. Un jour où je me trouvais à Alger, en quête d'une concession de terres, j'appris que ce bordje, ainsi que le domaine qui en dépend, était à vendre. Il appartenait à un Maure de Cherchell qui, ayant eu des démêlés avec l'administration, voulait se retirer au Maroc. Il offrait sa propriété contre un morceau de pain. Je la payai ce qu'elle valait. La moitié de l'héritage de ma sœur y passa. Je plaçai l'autre moitié à la banque d'Alger, la destinant à doter mes enfants, et, quoique la première année de notre séjour ici n'ait pas été exempte de privations ni d'inquiétude pour ma famille, nous n'avons jamais eu sujet de regretter notre détermination.

— Les Arabes des environs ont dû voir votre établissement d'un mauvais œil, dit le capitaine. Comment vous ont-ils accueilli ?

— Le gouverneur, lorsqu'il connut mon intention de m'installer dans ce domaine, m'avait offert quelques hommes d'escorte. Je les refusai. Mon projet fut alors taxé d'imprudence. Mais je connaissais les Arabes et je savais comment les prendre. Je vins les trouver, seul, sans armes, et, mettant pied à terre devant la tente qui, dans chaque *douar*, est réservée pour les hôtes, je demandai, selon l'usage, « l'hospitalité au nom de Dieu. » Je fus accueilli. Bientôt tous les cavaliers de la tribu furent autour de moi. Je dis alors que j'avais acheté le domaine, je montrai le contrat d'acquisition, qui était rédigé en langue arabe et mentionnait le prix de vente, et j'ajoutai que je venais en prendre possession. Tous ces hommes me regardaient avec surprise, inquiets encore, mais secrètement charmés de ma témérité. Alors, je repris la parole. Je dis que je venais en ami, que je ne voulais que le bien de mes voisins, et que j'étais prêt à les protéger et à les défendre. Par bonheur, la tribu était entourée de douars hostiles. Dès le lendemain de mon arrivée, on apprit qu'une bande armée se dirigeait sur son territoire pour le piller. Je fis aussitôt monter à cheval tous les hommes valides ; les vieillards, les femmes, les enfants avec leurs troupeaux, furent parqués dans ma demeure ; je fermai la porte sur eux ; puis, me mettant à la tête des cavaliers, nous allâmes nous embusquer dans ce bois que vous voyez là, au-dessus de l'oued Dhamous. Deux heures plus tard, la bande des pillards gisait sur le sol, et mes nouveaux amis me ramenaient chez moi en grande pompe. Mon ascendant sur eux était établi.

« A partir de ce moment, reprit-il après une légère pause, je m'appliquai à gagner leur affection par ma justice, mon esprit de tolérance et des services de toute nature. J'appris que le *koubba* de Sidi-el-Bahri, tombeau d'un homme vénéré et situé à une lieue d'ici, était en ruine. Je le fis restaurer à mes frais. Je concédai à mes voisins un droit de passage à travers mes terres, — faveur que mon prédécesseur leur avait toujours refusée, — afin qu'ils pussent mener leurs troupeaux au pacage par un chemin plus court et plus aisé. Je renvoyai ceux de mes serviteurs qui les maltraitaient ou cherchaient à les exploiter. Que vous dirai-je encore ? Je continue ici, de mon autorité privée, le rôle secourable et pacificateur que l'État me confia pendant vingt ans. Je soigne mes voisins quand ils sont malades ; je les secours quand ils sont dans le besoin ; je prête du grain aux uns, j'en donne quelquefois aux autres, aux plus pauvres ; je ne leur marchande jamais mes conseils pour soigner leurs bestiaux, améliorer leurs terres ; je les protége contre les usuriers ; je fais régner entre eux la concorde ; je les amène enfin, insensiblement, et non sans peine, car ils sont un peu nonchalants et routiniers, à adopter ce qu'il y a de bon dans notre civilisation, d'humain dans nos mœurs, sans renoncer cependant à ce qu'il y a de noble et d'élevé dans les leurs, et, comme, grâce à Dieu, le fond de l'humanité est toujours et partout le même, j'ai su me faire respecter de tous les hommes qui m'entourent, en méritant leur affection par des bienfaits.

— C'est une conduite généreuse autant qu'habile, dit le capitaine, et je vous approuve de l'avoir adoptée.

Les deux hommes se levèrent alors et sortirent de l'ombre du cèdre. Le cèdre énorme, étalant au loin ses grands bras, dressait sa tête rase vers le ciel. On eût dit un vaste pavillon vert soutenu par un seul pilier colossal. Tout autour voletaient, en chantant, des oiseaux de plusieurs sortes, et de ses feuilles échauffées s'exhalait une forte odeur de résine.

Comme ils allaient reprendre le sentier qui traversait la pépinière, ils virent au-dessous d'eux, sur la nappe bleue de la mer, un bateau à vapeur passer lentement, faisant mousser les flots sous ses roues et traînant après lui un long panache de fumée noire. Ce bateau avait le cap dirigé vers Alger. C'était celui qui, l'avant-veille, avait conduit au Montararach le second détachement placé sous le commandement du capitaine.

— Voilà qui me rappelle mon devoir, dit celui-ci en l'apercevant.

— Songez-vous donc à nous quitter sitôt ? demanda le kebbir.

— Je partirai ce soir, si vous le permettez.

En ce moment, ils virent s'avancer vers eux la blanche Marguerite, escortée de sa mère et de Noëmi, revenant de la promenade. Étienne les suivait à peu de distance.

Les deux hommes s'approchèrent alors et échangèrent avec les femmes quelques compliments.

VIII

LES GOURBIS.

Il y avait près d'une heure que le capitaine et le kebbir causaient sous le cèdre, quand Marguerite vint réveiller Noëmi et l'invita à faire une promenade avec elle et sa mère. Les trois femmes prirent d'abord une légère collation ; puis, s'enveloppant de longs châles pour se garantir de la fraîcheur de la matinée, elles se dirigèrent vers une colline boisée située à une demi-lieue du bordje. Déjà tout était en mouvement dans le domaine. Profitant de la première pluie de la saison, appelée *la pluie des semailles*, les laboureurs avaient attelé leurs charrues, et on les voyait de loin, tirées par de petits bœufs kabyles aux allures vives, fendre la terre amollie de

leurs socs brillants, pendant que des Arabes armés de
pelles et de pioches pratiquaient des fosses d'écoulement entre les sillons. Dans les fonds abrités contre
le vent d'ouest, les jardiniers creusaient de grands
trous pour aérer le sol avant d'y enfouir les racines des jeunes arbres ; et une multitude d'hommes
et d'enfants se hâtaient de récolter les fruits mûrs,
avant que la saison pluvieuse les fît pourrir. Les uns
cueillaient les dernières figues; les autres arrachaient
les jujubes dont on fait, en Algérie, une piquette
goûtée des cultivateurs ; d'autres écossaient sous
leurs doigts la graine des lentisques, qui contient
une huile fade employée pour alimenter les lampes;
d'autres encore coupaient de l'ongle le pédoncule
des olives, puis ils les disposaient par tas afin de les
échauffer légèrement pour les attendrir. Il y en
avait enfin quelques-uns occupés à la cueillette du
coton ; ils enlevaient le blanc duvet des capsules à
demi ouvertes, puis ils l'étalaient au soleil sur de
minces clayons pour le faire sécher. L'ordre, la paix,
la gaieté, présidaient à ces travaux agrestes, exécutés dans un air pur, sous un ciel splendide. Les oiseaux pépiaient; les étourneaux, récemment arrivés
des pays du Nord, suivaient les laboureurs pour

picorer les vers entre les mottes de terre soulevées, et mille papillons se jouaient au milieu des fleurs renaissantes, premières et poétiques manifestations du second printemps.

Un Kabyle, grand et fort, debout au milieu d'un champ, coupait à coups de hache des hampes d'aloès. Avec sa blanche *gandoura* (1) relevée comme une tunique, ses jambières de cuir, ses pieds nus, blond et beau, il semblait le jeune dieu de cet Éden. Le délicat, craignant le soleil, avait roulé de longs rameaux de clématite autour de son front, et ses yeux souriaient sous son chapeau de fleurs, pendant que l'émail de ses dents éclairait ses lèvres.

Étienne était à quelques pas de là, surveillant le labour d'une pièce de terre. Du plus loin qu'il vit approcher les femmes, il courut au-devant d'elles, et sa mère lui permit de l'accompagner. Pénétrant alors sous le bois, ils s'avancèrent vers les *gourbis* de la tribu des Beni-Haoua rassemblés à quelque distance.

Ce qu'on nomme gourbi, en Afrique, est une cabane de terre sèche dont le plan est exactement modelé sur celui de la maison mauresque, laquelle

---

(1) Longue chemise de laine.

n'est elle-même qu'une déviation de la maison grecque. Lorsqu'on se trouve dans la montagne, au-dessus de l'une de ces habitations primitives, elle vous apparaît toute plate, écrasée, en forme de coffre allongé, avec une large ouverture carrée au centre. Il n'y a pas plus de six pieds entre le sol et la terrasse. Un mur tout nu, de couleur grise, avec une porte étroite et basse, tient lieu de façade. Les chambres sont petites, obscures, et prennent un demi-jour blafard sur la cour. Une galerie intérieure, dont le plafond est soutenu sur de minces troncs d'arbres, encadre cette cour, qui compte à peine douze pieds de côté. En somme, la demeure est une masure, et les chambres sont des chenils.

Le plus habituellement, non loin du gourbi, s'élève un maigre lentisque abritant une petite place de terre battue. C'est là que se réunit la famille du paysan arabe pour recevoir les étrangers, faire la sieste et dire ses prières.

Quelquefois, devant le lentisque, un cheval ruiné, étique, mal couvert d'un haillon de laine, s'agite dans ses entraves auprès de son piquet. Le sol, autour de lui, est poussiéreux et piétiné, jonché de brins de paille et de déchets de fruits et de légumes.

Une mince bordure de nopals s'étend derrière le gourbi, projetant de toutes parts ses palettes d'un vert âpre et sale; et tout cela transsude quelque chose de morne, qui n'est pas l'ennui, mais qui est fortement empreint de sévérité et de misère.

Pas un meuble, pas un instrument aratoire, ne se rencontrent dans la cour ni dans les chambres. Deux pots bariolés pleins de beurre suri pendent aux poutres de la galerie, se balançant à quelque bout de ficelle. Une gourde remue au vent, accrochée au montant de la porte. Un trou à feu, âtre de sauvage, fume dans un bouge obscur, avec une bassine dessus où cuisent des aliments innomés. Des poussins picorent çà et là. Un figuier décharné se tord dans un angle de la cour, implorant un peu d'air et de soleil avec une attitude désespérée. Autour de lui se blottissent des chèvres qui bêlent, et dont la forte odeur se répand dans toute la demeure. Deux grands vases de terre servent à serrer le grain. Un moulin arabe est dans un coin : c'est une grosse pierre qu'on tourne à l'aide d'un bâton pour écraser le grain sur une seconde pierre. Le lit est un massif de maçonnerie exhaussé de trois pieds, avec une natte de palmiers-nains en guise de draps. Au-dessus descend du plafond la couchette du nouveau-né, espèce de petite cage formée de cannes de roseaux et que retiennent deux brins de corde. La mère, quand elle est couchée, n'a qu'à lever le bras pour bercer le sommeil de son enfant. Il y a quelque chose de poétique et de touchant dans cet objet mignon et gracieux qui se balance en l'air comme un nid d'oiseau, et d'où s'échappent de petites plaintes.

Soixante gourbis environ, tous construits sur le même modèle, étaient groupés derrière les arbres du petit bois. Aussitôt qu'ils s'en approchèrent, les promeneurs se virent signalés par les chiens, qui, bondissant sur les terrasses, les accueillirent par des aboiements furieux. On eût dit que ces bêtes féroces, au museau pointu, au poil rouge, à la queue ondoyante, allaient se jeter sur eux pour les dévorer; mais on entendit soudain de grands cris, des bras nus armés de bâtons apparurent au-dessus des murs, et les chiens, châtiés de leur excès de vigilance, sautèrent dans les cours pour aller se tapir dans les angles les plus obscurs.

Noëmi, effrayée par les chiens, avait pris le bras de son hôtesse. Quand celle-ci fut parvenue à la rassurer, elle lui dit :

—Vous allez voir de près, ma chère enfant, quelle est la dure condition des femmes arabes. Les paysannes de l'Europe les plus misérables, les négresses elles-mêmes, dans les contrées où l'esclavage subsiste encore, sont heureuses en comparaison. Voyez ces antres où l'on ne peut pénétrer qu'en se courbant; ce sont moins des maisons que des tanières humaines : c'est là dedans qu'elles naissent, vivent et meurent, et, pendant toute la durée de leur existence, elles sont soumises aux travaux les plus pénibles, et c'est à peine si ces travaux leur fournissent les moyens de subsister. Ce sont elles qui traient les brebis, les vaches, les chèvres, et battent le beurre ; elles qui prennent soin du cheval, le pansent, lui portent son eau, sa paille, son orge, le sellent et le dessellent, et raccommodent ses harnais. Elles préparent et tannent les peaux pour transporter l'eau, elles broient le grain dans le moulin, puis elles cuisent les galettes. Elles pétrissent l'argile pour fabriquer toute sorte de vases. En s'éveillant, elles vont d'abord ramasser le bois pour leur cuisine, puis elles se rendent à la fontaine, puis elles préparent les aliments, et, quand chacun est rassasié autour d'elles, elles tissent les étoffes pour les vêtements, les cordes en poil de chèvre, les tentes. Tout repose sur elles dans la maison de famille. Je ne sais ce qu'elles n'y font pas. J'en ai vu quelques-unes apporter de plusieurs lieues, sur leur dos, les pierres et le bois pour construire leurs gourbis, d'autres bâtir ces gourbis elles-mêmes. Quand elles sont vieilles, épuisées par la fatigue, les infirmités, elles travaillent encore. Eh bien, ces femmes si misérables sont peut-être les seules au monde qui ne se plaignent pas de leur sort. Une vertu les soutient pendant toute la durée de leur existence : la résignation.

Noëmi se sentait le cœur remué par ce récit de son hôtesse. Marguerite la tira de ses réflexions.

— Il en est quelques-unes qui sont plus heureuses, dit-elle à sa mère.

— Oui, reprit celle-ci. Ce sont les épouses des chefs, des hommes de grande tente. Elles ont des servantes pour les remplacer dans les soins du ménage ; mais elles vivent d'une vie oisive et très-renfermée. Elles sont vaines, dépensières, elles n'ont d'autre distraction que celle de la toilette, et, au rebours des femmes de basse condition qui nourrissent de leur travail toute une famille, elles sont souvent une cause de ruine pour leurs maris.

— Vous venez de parler de tentes, madame, dit Noëmi. Je n'en vois pas une seule ici. Où donc sont-elles ?

— Plus loin, ma chère enfant, en dehors du bois, auprès de la fontaine où nous nous rendrons tout à l'heure. Nous devons visiter d'abord quelques-uns de ces gourbis.

Ce ne fut pas sans éprouver un certain sentiment de malaise que Noëmi parcourut du regard les misérables demeures. Il y avait, dans toutes, un tel dénûment, et le demi-jour qui les éclairait était si lugubre, qu'elle se demandait si, réellement, des créatures humaines habitaient ces tristes réduits. Ce qui la surprit le plus, ce fut l'air de parfaite sérénité empreint sur tous les visages. Les vieillards, les femmes, les hommes, les enfants étaient tous sérieux, quelques-uns même montraient une gravité extraordinaire ; mais il n'y avait rien de sombre ni d'amer dans leur physionomie. Du plus loin qu'ils voyaient approcher les visiteurs, ils s'avançaient à leur rencontre, baisaient avec respect le bord de leurs vêtements et les bénissaient « au nom de Dieu. » Marguerite surtout paraissait être un objet de vénération pour ces âmes naïves. Les petits enfants lui prenaient les mains et les appuyaient sur leur cœur; les femmes l'embrassaient par les genoux; les hommes, en la regardant, abritaient leurs yeux de leurs bras, comme s'ils ne pouvaient soutenir l'éclat de sa beauté, et la jeune fille, devant ces adorations, demeurait joyeusement interdite. Elle avait l'œil à tout cependant, autour d'elle, et, quand elle voyait un enfant chagrin ou une femme qui n'osait lever le front vers son maître, elle marchait droit à ce maître, le regardait de ses yeux clairs, et, de sa voix limpide, musicale, avec une candeur généreuse et dominatrice, elle lui disait en langue arabe :

— Tu aimeras tes fils comme toi-même !

Ou bien :

— Honore la mère de tes enfants !

Quant à Étienne, il est à croire que les Arabes avaient une estime particulière pour sa personne; car il n'en était pas un qui ne le regardât avec une naïve admiration.

— Que ce jour soit heureux pour toi, monseigneur! lui disaient les jeunes gens de son âge.

— Mon fils ! que Dieu assure ta marche dans ce monde! chevrotaient les vieillards.

Et tous reprenaient en chœur :

— Comment va le kebbir ?

— Que Dieu allonge son existence !

— Il est notre père, à tous !

— Nous n'avons que lui et Dieu !

— Nous sommes les plumes de ses ailes !

Presque dans chaque gourbi, cependant, il y avait pour les étrangers une réclamation à entendre, une misère à soulager ou quelques conseils à donner. Ici, c'était un enfant malade; là, un nouveau-né que ses parents refusaient de laisser vacciner, ne concevant pas que, pour prévenir la petite vérole, il fallût commencer par l'inoculer, et craignant que la contagion ne se répandît dans toute leur famille; là, encore, une femme avait vu ses chèvres saisies par le garde forestier, sous prétexte qu'elles broutaient les jeunes plants dans la forêt de l'État, et, privée de son troupeau, la malheureuse n'avait plus de ressources. Plus loin, c'était un homme dont l'inondation avait défoncé les silos, et qui ne savait où trouver du grain à semer pour la récolte prochaine. Un vieillard se plaignait d'une sciatique; un autre avait laissé sa vache dans la montagne, et la panthère l'avait dévorée; une veuve s'apitoyait sur le sort de ses jeunes enfants, « dont les dents n'avaient plus à broyer que la faim, » disait-elle. Chacun contait sa mésaventure, son chagrin, demandait secours ou justice ; et tous, en s'adressant à la femme de celui qu'ils s'étaient habitués à considérer comme le représentant de la Providence, exposaient leurs demandes avec autant de noblesse que de simplicité. Étienne secondait sa mère dans l'accomplissement de sa pieuse tâche. Il promettait aux uns de leur envoyer des remèdes, à d'autres quelques sacs de grains ; aux plus pauvres il distribuait des pièces d'argent ; il s'engageait à user de l'influence de son père pour faire restituer les chèvres saisies ; il répondait que ne seraient point abandonnés les enfants de la veuve, et rassurait les incrédules contre les prétendus dangers de la vaccine ; enfin il se montrait partout affectueux et serviable, et partout, avec lui, sa mère et sa jeune sœur se voyaient accueillies par des paroles de reconnaissance. Ils marchaient au milieu des bénédictions.

Noëmi, quoiqu'elle ne comprît pas un mot de la langue arabe, se rendait cependant parfaitement compte de ce qui se passait autour d'elle. Marguerite lui traduisait les discours qu'elle jugeait devoir l'intéresser, et la mimique des indigènes, très-expressive, eût suffi d'ailleurs pour lui révéler la nature de leurs réclamations. La jeune fille, peu habituée à de telles scènes, en ressentait un plaisir extraordinaire. Elle ne cessait de porter les yeux de l'un à l'autre de ses hôtes, et elle ne savait ce qu'elle devait admirer le plus, de la mère qui avait donné le jour à de tels enfants, ou des enfants qui modelaient si bien leurs sentiments sur ceux d'une telle mère. Elle était émue, touchée, très-surprise de ce qu'elle voyait, et elle éprouvait un regret très-vif de la passivité de son rôle. Elle aussi, elle aurait voulu, pour beaucoup, contribuer au soulagement de ces misères; mais elle n'osait même pas le dire, et, confuse, presque dépitée de son inaction, guettant une occasion, elle fronçait parfois les sourcils, et, de ses petites dents, se mordait la lèvre.

L'occasion qu'elle souhaitait se présenta enfin. C'était dans un gourbi situé à l'écart et plus misérable que les autres. Elle y était entrée la dernière, et la chambre où elle se tenait auprès de ses hôtes était si obscure, qu'elle eut d'abord quelque peine à se rendre compte de ce qu'elle voyait. Quand ses pupilles, contractées par la lumière du dehors, se furent suffisamment dilatées dans la pénombre, elle aperçut, étendu par terre, sur un lambeau de tapis, un vieil Arabe qui grelottait de froid sous ses haillons et qui semblait perclus de tous les membres, car il ne pouvait se soulever sur sa couche grossière, et ses yeux seuls, par leur mobilité, avec son grelottement, indiquaient qu'un reste de vie subsistait en lui. Sa femme était accroupie auprès de sa tête. C'était une vieille M'zabite aux traits écrasés ; un haïk déchiré l'enveloppait des pieds au front ; elle portait une sorte de turban évasé, et de fausses nattes de crin noir descendaient sur ses joues osseuses, que recouvrait une épaisse couche de fard. Ainsi attifée, avec ses pommettes saillantes et d'un rouge violent, ses yeux peints, ses longues dents et les énormes anneaux d'argent accrochés à ses oreilles, cette femme avait l'air sinistre et fou. De grandes raies bleues tatouaient ses bras, et, de ses doigts noueux, elle cardait machinalement des mèches de laine. En face d'elle, également accroupie sur ses talons nus, une jeune mulâtresse tournait son fuseau, portant également ses bras en l'air, et son charmant visage souriait, tourné de côté vers les étrangers. Rien de plus simple que son costume, rien de plus classique que sa pose. Son haïk d'une toile bise grossière descendait le long de son corps, très-svelte, avec de beaux plis anguleux ; de minces cercles de cuivre dansaient autour de ses poignets ; elle avait la peau fine et mate, d'un ton chaud, le visage d'un ovale parfait, et ses yeux très-ouverts, son nez droit, sa bouche qui semblait découpée dans une fleur de pourpre, prêtaient à toute sa personne je ne sais quel charme enfantin et gracieusement sauvage. L'extrémité de son petit pied dépassait le bord du haïk, et les ongles de ce pied étaient légèrement teints de hennah.

Le moribond était un ancien conducteur de caravane ruiné par les incursions des Touareugs, et perclus par la glaciale humidité des nuits du désert. Sa femme était devenue folle, il y avait deux ans de cela, en voyant, sous ses yeux, ses deux fils déchirés par une lionne de l'Atlas. La jeune fille était leur servante. Depuis deux ans, sans que rien l'y obligeât, — que son cœur, — elle nourrissait ses maîtres de son travail, et elle s'était juré à elle-même de ne se marier qu'après leur mort.

Marguerite, en entrant, avait salué la folle et le moribond, et, s'avançant vers la mulâtresse, elle lui avait offert une piécette d'argent. La servante prit la pièce et baisa gentiment la blanche main qui la lui tendait ; puis, relevant les bras, elle reprit lentement sa pose de statue, et son fuseau tournait sous ses doigts arrondis avec une rapidité singulière. Marguerite, se penchant vers Noëmi, lui apprit alors en peu de mots par suite de quel touchant esprit de dévouement la mulâtresse subvenait aux besoins de ses maîtres ; puis, saluant de nouveau, elle sortit de la chambre obscure sur les pas de son frère et de sa mère. Mais Noëmi ne la suivit point immédiatement. Elle avait remarqué le délabrement du costume du moribond, et le froid qui le faisait grelotter l'avait poussée à vaincre son embarras pour obéir à son charitable désir. Au moment donc où elle se vit seule avec la servante et les deux infirmes, elle se dépouilla promptement de son châle, le jeta sur le corps de l'Arabe, et, sans répondre aux remercîments de la mulâtresse, elle se dirigea vers la porte. Mais, là, elle se trouva face à face avec Étienne. En se voyant ainsi prise en flagrant délit, la jeune fille, ne songeant pas que, tôt ou tard, on l'aurait certainement interrogée sur la disparition de son châle, ne put s'empêcher de rougir, et elle balbutia quelques mots pour expliquer son action. Étienne répondit qu'il la trouvait très-excusable, et, la glace étant ainsi rompue entre eux, la crainte que, jusqu'alors, ils avaient ressentie l'un pour l'autre disparut avec leur embarras mutuel. Il suffit de ce puéril incident pour que ces jeunes gens qui avaient à peine osé se parler depuis la veille commençassent à se regarder avec une certaine assurance et à échanger quelques pensées.

Mais, pour s'être déterminés à cette hardiesse, ils n'en gardaient pas moins, au fond de l'âme, un trouble qui les empêchait de traduire leurs sentiments. Celui qui les eût écoutés pendant que, sur les pas de Marguerite et de sa mère, ils se dirigeaient vers la fontaine, eût été quelque peu surpris de leur conversation. Étienne se mourait du désir de dire à Noëmi qu'il la trouvait la plus belle des femmes ; que, depuis qu'il l'avait rencontrée, le monde lui apparaissait magnifique et tout nouveau ; que, maintenant, ce n'était plus de la sympathie, mais une ardente passion qu'il éprouvait pour l'humanité, parce que, se sentant si heureux, il aurait voulu partager son bonheur avec toutes les créatures ; et, gêné, étouffant d'effusion comprimée, il se contentait de signaler à la jeune fille les beautés de la vallée qu'ils traversaient, lui demandant, après cela, par un violent effort de témérité, si elle ne serait point effrayée de passer ses jours dans une telle solitude. Noëmi, elle, se trouvait maussade, presque ingrate envers celui à qui elle devait la conservation de sa vie. Elle eût voulu lui témoigner sa reconnaissance, lui dire qu'elle le regardait comme un frère ; et, retenue par sa timidité, craignant de paraître gauche, ou de ne pas trouver de paroles assez expressives, elle profitait de l'embarras d'Étienne, s'extasiait avec lui sur la beauté du paysage, et, répondant à sa question directe, affirmait que la solitude n'aurait rien d'effrayant pour elle, si toutefois son père n'y devait pas rencontrer d'ennui. Ainsi, dès le début, ils ne se communiquaient presque rien de ce qu'ils auraient tant voulu se dire. Étienne se consolait à demi en songeant qu'il retrouverait plus d'une occasion d'entretenir la jeune fille ; mais Noëmi ne discutait même pas cette circonstance. Elle n'osait, dans son cœur, désirer revoir celui qui, si subitement, s'était imposé à sa pensée. Elle savait qu'elle avait un devoir à remplir, et que toute sa vie était liée à ce devoir ; mais, pour la première fois depuis qu'elle avait contracté un si sérieux engagement envers elle-même, elle se demandait si cet engagement ne lui semblerait pas, un jour, quelque peu pénible ; et, sans se rendre compte encore des luttes auxquelles il pouvait bientôt l'exposer, elle commençait à regretter que la nécessité l'eût condamnée à consacrer toute son existence à son père. La nature, dès le premier jour, combattait obscurément, en elle, contre la piété filiale, et elle en ressentait une souffrance vague, une sorte d'angoisse qui, se prolongeant, fût presque devenue de l'anxiété.

Il y avait quelque temps déjà qu'ils ne parlaient plus lorsqu'ils arrivèrent à la fontaine. Une foule de femmes arabes, montant de la vallée, se pressaient autour de l'auge de pierre, elles remplissaient leurs outres de peaux de chèvre, puis elles redescendaient vers les gourbis. Presque toutes étaient vêtues de draperies de laine grise, un mouchoir attaché derrière leur tête masquait le bas de leur visage, et l'on voyait le dessous de leurs yeux peint en bleu. De lourds et grossiers bijoux d'argent remuaient et bruissaient à leurs oreilles, à leur cou, sur leur poitrine, autour de leurs chevilles et de leurs poignets. Ces femmes ainsi masquées, se poussant dans la boue, avec leur larges pieds fangeux et leurs bras nus, exhalaient une forte odeur de musc et paraissaient douées d'une vigueur extraordinaire. Elles saisissaient les outres pleines entre leurs mains, les levaient toutes ruisselantes au-dessus de leur tête, et se frayaient ainsi un passage à travers la foule. Quelques-unes avaient amené des ânes avec elles, et elles les chargeaient de leur fardeau. D'autres, portant au sein un nourrisson que maintenait une bande de toile, se faisaient empiler jusqu'à trois outres sur le dos, et, l'échine courbée, les jarrets vacillants, soutenant des mains leur enfant, elles marchaient à grands pas et la tête baissée, les reins trempés, suant, soufflant, et laissant derrière elles des traces humides. Aucun homme ne se montrait aux environs de la fontaine. On n'y voyait que des femmes et des enfants. Des garçons de dix ans, déjà graves, assistaient leurs mères, et de toutes petites filles, masquées et affectant de se hancher comme les femmes, portaient en équilibre sur la tête des vases d'une argile rouge, d'où tombaient quelques gouttes d'eau.

Ce tableau était à la fois sévère et charmant, mais ni Étienne ni Noëmi ne le regardaient. Il fallut que

Marguerite les appelât pour que, secouant leurs pensées, ils tournassent la tête vers la fontaine. Déjà le troupeau de femmes, d'enfants et d'ânes redescendait vers la vallée, et l'on entendait, de loin, les voix rauques des mères chantant pour amuser les nourrissons pendus à leur sein. Tout disparut enfin derrière un bouquet d'arbres, et les promeneurs, revenant alors sur leurs pas, se dirigèrent vers le bordje, dont la blancheur éclatait au soleil dans les touffes de verdure. Noëmi s'était approchée de son hôtesse, et celle-ci l'entretenait de mille détails relatifs aux misérables familles qu'elle venait de visiter.

— Chaque jour, avec mes enfants, je refais cette promenade, lui dit-elle. Et j'y suis obligée, car la discrétion de ces malheureux est si grande, qu'ils ne viendraient jamais, d'eux-mêmes, me demander de les secourir.

— Mais c'est une véritable sujétion que vous avez acceptée là, dit la jeune fille.

— Je ne le nie point, chère enfant, répondit la sainte femme. Mais la sujétion du devoir est de celles qui ne m'ont jamais fatiguée.

Ces dernières paroles effacèrent dans l'esprit de

Noëmi l'ombre de regret qui avait, pour un moment, altéré sa piété filiale. Elle releva la tête, reprit son maintien assuré, et, quand, après avoir rencontré le kebbir et le capitaine, les promeneurs, dont l'appétit était aiguisé par le grand air, prirent place autour de la table de famille, la jeune fille put regarder Étienne, assis en face d'elle, avec une immuable tranquillité. Mais il paraît qu'il était écrit que les circonstances se joindraient à ses sentiments secrets pour entraver sa résolution ; car, sur une parole du kebbir, son visage devint subitement rouge, puis très-pâle.

— Vous avez vu ce qu'il en coûte, disait le kebbir au capitaine, d'exposer une femme aux intempéries de l'automne dans notre pays. Croyez-moi, ne condamnez pas votre charmante fille à subir les fatigues qui vous attendent au Montararach. Laissez-nous-la. Ma femme, je n'ai pas besoin de vous le dire, aura pour elle les soins d'une mère. Ma fille l'aimera comme une sœur, et vous viendrez la voir aussi souvent qu'il vous plaira.

Noëmi s'était senti prendre la main par son hôtesse.

— Pourquoi tremblez-vous si fort, chère enfant ?

lui demanda celle-ci. L'idée de vivre auprès de nous vous effraye-t-elle?

— Oh! non, madame, répondit la jeune fille en continuant à pâlir et à trembler. Mais je ne voudrais pas abandonner mon père.

— Vous ne l'abandonnerez point, mon enfant, reprit le kebbir. Vous irez le voir tous les jours, quand le temps vous le permettra. Il ne faut pas une heure à nos mulets pour franchir une distance de deux lieues dans la montagne. Acceptez donc l'hospitalité que nous vous offrons. Je vous assure que, dans une telle saison, très-mal logée que vous seriez sous une tente ou dans une cabane en planches, vous ne tarderiez pas à tomber malade, et deviendriez alors pour votre père une cause d'inquiétude, au lieu d'être, comme vous l'espériez, un objet de douce distraction.

Étienne, rougissant, baissait les yeux sur son assiette, et le capitaine regardait sa fille. Il était fort touché de la démarche de son camarade, et, malgré la terreur qu'il éprouvait à l'idée de vivre seul, il ne pouvait se dissimuler que les observations du kebbir étaient fondées. Noëmi comprit à son air qu'il allait céder. Poussée alors par son affection filiale, elle se hâta de prendre la parole.

— Que ne restez-vous ici? dit-elle à son père. Vous iriez, chaque jour, au camp. Je vous en prie, ajouta-t-elle avec une tendresse mêlée d'embarras ; cela me rendrait si heureuse de vous savoir auprès de moi !

— Cela n'est pas possible, ma chère enfant, répondit le capitaine. Je te sais gré de tes bons sentiments, mais je dois partager les fatigues de mes soldats.

Et, se tournant alors vers le kebbir :

— J'accepte votre proposition, mon excellent ami, lui dit-il. Et que Dieu vous rende la joie qu'elle m'a causée !

Il n'y avait pas à revenir sur une détermination prise par le capitaine. Sa fille le savait. Elle rougit encore et baissa la tête. La malheureuse enfant appréhendait de souffrir, et de tristes pressentiments lui serraient le cœur.

Le même soir, le capitaine, ayant de nouveau remercié ses hôtes, partit avec Faitha et Maumenèsche. Ourida devait rester au bordje avec Noëmi.

IX

LA BOHÉMIENNE.

Les cinq mois de l'hiver se passèrent sans incidents dignes d'être relatés, aussi bien pour le détachement campé au Montararach que pour les habitants du bordje de l'oued Dhamous. Chaque jour, quand les chemins étaient praticables, Noëmi, accompagnée, tantôt par l'un de ses hôtes, tantôt par Ourida ou Maumenèsche, se rendait auprès de son père et passait quelques heures en tête-à-tête avec lui. La tristesse de ce dernier ne se dissipait que médiocrement, très-éprouvé qu'il était par les intempéries de la saison, et rencontrant incessamment de nouveaux obstacles qui s'opposaient à la création du village. Il y avait des moments où le digne officier, malgré sa patience et son courage, pensait qu'il ne viendrait jamais à bout de sa mission. Presque chaque semaine, le mauvais temps obligeait les soldats à suspendre leurs travaux; ils campaient dans la boue, et le plus grand nombre d'entre eux se plaignaient de douleurs rhumatismales ou luttaient contre les accès de fièvre. Il suffisait d'une nuit de tempête pour détruire les constructions qui avaient exigé plusieurs mois d'efforts et de fatigues. La pluie comblait les fossés, emportait les matériaux, minait et renversait les murailles; le vent brisait les jeunes arbres, arrachait les tentes, défonçait les baraques en planches, et les rares journées de beau temps qui survenaient parfois, avec le décours de la lune, étaient invariablement employées à réparer les dégâts causés par le débordement des rivières et les ouragans. Chaque fois que le capitaine venait au bordje, c'était pour se répandre en doléances contre l'administration, qui lui avait imposé une pareille tâche, dans une saison si peu propice. Le kebbir l'encourageait et le consolait alors de son mieux; il lui donnait de bons conseils pour soigner ses hommes malades et réédifier les ouvrages que l'inondation avait renversés; mais, malgré l'ascendant qu'il exerçait sur son camarade, il avait beaucoup de peine à vaincre son irritation. Dès le jour où le hasard les avait réunis, le kebbir s'était aperçu du profond découragement qui empoisonnait l'existence du vieil officier, et il n'avait cessé de combattre cette affreuse maladie morale, — excusable cependant chez un homme douloureusement blessé, — par toutes les ressources que lui fournissait sa philosophie libérale et compatissante. Le capitaine l'écoutait avec déférence, il paraissait se rendre à ses arguments, il lui disait qu'il avait mille fois raison de le sermonner et qu'il lui savait un gré infini de ses conseils, et, dès qu'il se retrouvait livré à lui-même, il retombait dans sa misanthropie. La seule Noëmi, avec ses câlineries enfantines et son inaltérable patience, parvenait à le distraire un peu de sa tristesse. Aussi profitait-elle de tous les instants que lui accordait le retour de la belle saison pour multiplier ses visites au camp du Montararach. Elle avait présidé elle-même, avec des soins et des attentions infinies, à la disposition intérieure de la petite maison de bois où logeait son père. C'était elle qui surveillait l'état de son linge, qui l'obligeait à porter des vêtements chauds, à en changer dès qu'il rentrait, après avoir inspecté ses travaux ; elle lui tenait lieu d'aide de camp, rédigeait les rapports qu'il était obligé d'envoyer chaque semaine au bureau arabe de la province ; elle calquait ses plans, dessinait ses épures ; et, lorsque le mauvais temps forçait le capitaine à s'enfermer dans sa cabane, elle essayait de le distraire en lui faisant la lecture ; puis, quand le soir était venu, elle montait sur son mulet et rentrait au bordje, où chacun, émerveillé de son courage, de son dévouement filial, de son humeur si douce et si affable, rivalisait pour l'entourer d'affection et de respect.

Étienne surtout n'avait pu assister à de tels efforts, sans ressentir pour la jeune fille une admiration extraordinaire. Chaque jour, il découvrait en elle une qualité nouvelle. Chacune de ses actions était inspirée par quelque vertu. Pas une fois, pendant un si long espace de temps, il n'avait pu la surprendre dans un moment d'hésitation ou de découragement, et, à mesure qu'il s'habituait à sa beauté, il lui trouvait des charmes étranges. Noëmi, en effet, n'avait physiquement aucun point de ressemblance avec aucune des femmes que le jeune homme connût. Son air modeste et bon, un peu langoureux, ne rappelait pas plus l'air séraphique de Marguerite, que celui de sereine majesté qui donnait tant d'autorité gracieuse aux traits de sa mère. Noëmi était à la fois très-enjouée et renfermée, juvénile et réfléchie, pleine d'expansion et de réserve. On sentait, à la fréquenter, qu'elle ne dirait jamais le dernier mot de son âme, et cependant son cœur débordait d'effusion et de tendresse. Pendant les premiers jours de son séjour au bordje, elle parut triste et rêveuse, et chacun vit très-bien qu'elle faisait de grands efforts pour dominer sa tristesse. Peu à peu elle y parvint, soit qu'elle eût une certaine puissance sur elle-même, soit que la cause de cette tristesse eût disparu. Depuis, elle se montra d'une humeur toujours égale. Qui la voyait une fois était sûr de la retrouver dans la même sérénité de visage et de maintien. Cependant, quelquefois, elle avait une pâleur un peu maladive, comme si elle avait mal dormi, et Marguerite, de son œil limpide et profond, la regardait souvent avec une muette inquiétude. La blanche fille, en effet, avait surpris sa nouvelle amie, un jour où celle-ci se croyait bien seule, occupée à regarder de loin son frère Étienne, et, à sa grande stupéfaction, elle avait vu des larmes tomber de ses yeux.

La timidité d'Étienne n'avait fait qu'augmenter à mesure que se fortifiait l'intimité des membres de sa famille et de la jeune fille. Une fois, emporté par la fougue de son caractère, il avait résolu de lui révéler ses sentiments ; mais, le moment venu, elle lui avait fait peur, avec son air calme, et il n'avait osé lui dire un mot. Ce n'était pas qu'il fût gauche, mais il avait besoin d'être encouragé. Il lui semblait que, pour parler d'amour à une femme, il était nécessaire de pressentir d'abord le bon accueil qu'elle vous ferait, et Noëmi était absolument impénétrable. Il craignait un étonnement s'il s'expliquait, puis un refus amenant nécessairement une rupture entre la jeune fille et ses parents. Il pensait qu'elle ne l'aimait pas, qu'elle était peut-être promise à un autre. Enfin, avec cette personnalité de l'amour qui s'étonne de tous les obstacles, il ne comprenait rien à sa conduite. Elle n'était point coquette avec lui ; elle ne faisait rien pour se rapprocher de lui ni pour l'éviter. S'il lui parlait, elle l'écoutait ; s'il affectait de ne pas la regarder, elle ne semblait même pas s'en apercevoir. Elle le traitait, enfin, comme un ami qui ne doit jamais être qu'un ami, et, si Étienne, dépité, s'avisait quelquefois de lui décocher d'innocentes phrases à double entente, elle le regardait avec surprise, comme si elle ne l'avait pas compris.

Le jeune homme en arriva à se demander si réellement ce serait une chose heureuse pour lui d'épouser une personne qui semblait ne vouloir jamais lui accorder que la paisible affection d'une sœur. Il avait du bon sens, de la raison, et le bandeau que l'amour avait posé sur ses yeux n'était point assez épais pour l'empêcher de percevoir vaguement les choses au travers. Il n'eût pas exigé de démonstrations, incompatibles avec un caractère de jeune fille ; un peu de trouble et d'émotion tendre lui eût suffi. Un jour, il se mit, avec la plus louable résolution, à lutter contre lui-même. Sa dignité lui semblait engagée dans la question. Il pensait que c'est une sottise à un homme de s'entêter à adorer qui ne l'aime pas, même quand celle qui ne l'aime pas est une femme parfaite ; et, n'ayant rien à reprocher à la froide fille, ni un perfide encouragement de parole, ni même un regard, sans éprouver de ressentiment, mais avec un peu d'amertume, il s'exerça à la détacher de sa pensée. Il ne le put. Après un mois de luttes, d'angoisses, d'espoirs suivis de découragement, il s'avoua à lui-même qu'il était vaincu, et que la seule ressource qui lui restât pour étouffer sa passion était de fuir celle qui, sans le vouloir et sans s'en douter, l'avait fait naître. Il résolut de se confier à sa mère, de la prier d'obtenir, pour lui, de son père, la permission de s'éloigner pendant quelques mois. Mais, toute courageuse qu'était cette résolution, le jeune homme ne put la prendre sans éprouver un grand déchirement de cœur. L'amour, dès la première fois qu'il s'était emparé de lui, l'avait blessé cruellement, et, malgré sa fierté native, il se sentait d'autant plus malheureux, que Noëmi était plus douce, plus belle, plus entièrement irréprochable à ses yeux.

Le mois d'avril était arrivé lorsque le jeune homme formait cette pénible résolution, et il semblait que toutes choses autour de lui conspirassent pour la combattre. La nature, grâce au printemps, avait pris des séductions infinies. Tout, dans les champs, parlait d'amour; tout conviait à l'amour dans le ciel. Les nuits surtout avaient une douceur indicible. Le matin, des brumes épaisses se roulaient voluptueusement sur les champs de myrtes, et elles laissaient après elles comme des fouillis de diamants parmi les fleurs. Les pluies étaient redevenues très-rares. A peine tombait-il assez d'eau, de temps à autre, pour laver les feuilles des arbres et abattre la poussière des sentiers. Déjà les sources tarissaient, et le lit des rivières s'emplissait de lauriers touffus entre lesquels bruissaient des filets d'eau qui ressemblaient, de loin, à des rubans d'argent liant le pied des bouquets de verdure. Le ciel était invariablement d'un bleu de satin, la mer plus sombre et moins transparente, comme un immense pan de velours, et la lumière était si pure, si claire, si blanche, que l'on distinguait à l'horizon les moindres objets dans toute la rigidité de leurs contours. Une odeur d'essences et de fleurs qui s'exhalait des orangers, des citronniers, des vignes, des bananiers, passait incessamment avec le vent, communiquant à l'âme je ne sais quelle douce ivresse. Les jardins embaumaient de parfums de roses, de jasmins. Le coucou commençait à chanter, pourchassant les abeilles et annonçant la saison de la chaleur. Les bestiaux, tourmentés par le soleil et par les mouches, couraient effarés par les champs, et, chaque jour, les pâtres se mettaient à leur poursuite, pour les faire parquer sous les arbres. Enfin, il y avait dans l'air je ne sais quelle mollesse invitant à la rêverie.

Un samedi de la fin de ce mois charmant, qui fait invariablement, chaque année, un paradis de la côte d'Afrique, Étienne, après avoir passé la journée à diriger le défrichement d'une lande de tamaris, rentrait au bordje avec l'intention arrêtée de se confesser à sa mère. Le soleil s'inclinait déjà vers les montagnes, et le jeune homme pensait trouver sa mère seule, Noëmi, selon lui, ayant dû profiter du beau temps pour se rendre au Montararach ; mais, en arrivant à cent pas de la maison des hôtes, il aperçut la jeune fille assise sous l'auvent auprès de sa sœur Marguerite, toutes deux regardant le paysage étendu devant elles, pendant qu'il se colorait de rose et d'or aux rayons du soir.

Étienne, moitié charmé, moitié contrarié, salua Noëmi ; puis il parut étonné qu'elle fût déjà revenue du village. Elle lui apprit alors qu'elle n'y était point allée, son père lui ayant fait dire, le matin, qu'il serait obligé de s'absenter pour aller acheter des bestiaux dans une tribu des environs. Étienne demanda alors à sa sœur si sa mère était au logis, et, en apprenant qu'elle était enfermée avec son père pour arrêter les comptes de la semaine de leurs gens de journée, il remit à un jour plus propice l'ouverture qu'il voulait lui faire. Les trois jeunes gens demeurèrent assis sur la banquette. Le sentier arabe qui montait de l'oued Dhamous passait devant eux, et on le voyait au loin, comme une ligne blanche, rayer la face de la montagne, s'amincissant à mesure qu'il s'éloignait du bordje pour se rapprocher du Montararach.

Il y avait quelque temps déjà qu'ils se tenaient là, causant et admirant le magique repos de la campagne, lorsqu'ils aperçurent, à quelque distance, une femme indigène cheminant vers eux, assise sur un âne, et tenant entre ses bras un jeune enfant. Cette femme devait venir du douar des Beni-Haoua ou du village projeté, de plus loin peut-être ; le fait est qu'elle suivait la direction de l'est ; et dans la pose ramassée qu'elle avait prise sur le bât de son âne, ses pieds étant croisés sur le garrot de l'animal, tout ce qu'on distinguait de sa personne se réduisait à deux mains brunes émergeant d'un haïk tout blanc, et à de grands yeux noirs brillant comme des clous d'acier au-dessus du mouchoir qui masquait son visage. L'enfant, enveloppé dans un burnous rose, se jouait devant elle sur le cou de l'âne, et l'âne, si petit, qu'il disparaissait en entier sous le vêtement de la femme, trottait avec vigueur. On ne voyait de lui que sa grosse tête soucieuse armée de longues oreilles, et ses quatre pieds remuants d'où partait une ombre allongée.

Noëmi, quoiqu'elle fût maintenant à peu près au courant des habitudes indigènes, s'étonna de voir une femme arabe voyager ainsi toute seule. Étienne lui apprit alors que cette femme appartenait à une tribu dont les usages différaient de ceux des habitants du Tell.

C'est une femme des Beni-Addès, lui dit-il, et les Beni-Addès ne sont pas des Arabes, mais des bohémiens. On ne sait d'où ils sont partis pour venir s'installer en Afrique. Ils se disent tous nobles, et ils étaient nombreux et très-puissants du temps des Turcs. Ce qu'il y a de plus singulier dans les usages de leur tribu, c'est que la femme y est le chef de la famille, et que l'homme, en se mariant, s'engage à ne jamais lui désobéir. C'est la femme qui tient la bourse commune, fréquente les marchés, achète et revend les chevaux. Il n'y a pas de plus rusés maquignons que ces bohémiennes dans toute l'Algérie.

Celle-ci se rend vraisemblablement à Cherchell pour les affaires de son commerce. Peut-être a-t-elle été appelée dans quelque douar des environs pour dire la bonne aventure à un jeune homme qui va se marier.

Pendant qu'Étienne parlait, l'âne, trottant toujours sur l'étroit sentier, s'était approché du bordje. Quand il fut arrivé devant la porte, il ralentit le pas, puis s'arrêta, comme si son instinct lui eût appris qu'il était sûr de trouver là une provende abondante. La bohémienne, cependant, avait attentivement examiné les jeunes gens. Au moment où son âne tourna la tête vers la maison, elle se redressa légèrement; puis, soulevant le mouchoir qui masquait sa bouche, et s'adressant au fils du kebbir :

— O maître de la demeure, je suis une invitée de Dieu, lui dit-elle.

— Sois la bienvenue ! répondit Étienne.

Et, quittant sa place aussitôt, il s'avança vers l'âne, enleva l'enfant dans ses bras, et, pendant que Marguerite aidait la bohémienne à mettre pied à terre, il appela un serviteur, le pria d'emmener l'âne à l'écurie, et fit entrer la femme dans la cour.

La négresse chargée de la cuisine fut immédiatement appelée, et, pendant que l'étrangère dénouait le mouchoir tendu devant son visage, elle lui servit à dîner dans une salle basse. Les trois jeunes gens l'entouraient, et Marguerite veillait à ce qu'elle ne manquât de rien, non plus que son enfant, qui était une petite fille d'environ huit ans et de mine gracieuse, quoique sauvage. Quand la bohémienne fut rassasiée, elle but un coup d'eau, se lava la bouche et les mains; puis, se tournant vers les jeunes gens, elle dit, avec une voix gutturale :

— Le Prophète a dit : « La générosité est un arbre planté dans le ciel. Ses branches descendent sur la terre. Celui qui traite bien ses hôtes pourra les saisir, et par elles il s'élèvera jusqu'au paradis. »

Puis, comme Étienne et Marguerite s'inclinaient pour la remercier, elle reprit :

— Tesâdit habite la route; elle dort sur le dos de son âne, et elle attend que s'ouvre une main généreuse pour manger. Elle ne peut augmenter ses biens en les partageant à ses hôtes, car, n'ayant pas de tente ni de gourbi, elle ne saurait avoir d'hôtes; mais elle sait lire dans l'avenir. Les houris de l'oued Dhamous et le jeune maître veulent-ils lui montrer leurs mains? Tesâdit pourra s'acquitter ainsi avec eux.

A ces mots, Marguerite ouvrit de grands yeux étonnés, et son frère, se tournant vers Noëmi, lui transmit la proposition de la bohémienne.

Le jeune homme ne croyait que médiocrement aux devins; mais, dans la situation d'esprit où il se trouvait, il n'était pas fâché de voir si le hasard s'aviserait de lui donner quelque bon conseil.

— Je crois, Mademoiselle, dit-il à Noëmi, que Tesâdit serait offensée si nous refusions de lui complaire.

— Je ne veux offenser personne, répondit Noëmi. Dites-lui donc que je suis disposée à l'entendre.

Noëmi avait-elle un peu plus de confiance qu'Étienne dans les talents de Tesâdit? Était-ce seulement une curiosité de femme qui la conseillait? Pensait-elle que personne ne pouvait pénétrer ses sentiments, et qu'elle courait alors peu de danger à se prêter aux investigations de la bohémienne? Celui qui serait assez présomptueux pour oser assigner une cause déterminée aux actions des jeunes filles répondrait seul à ces questions. Le fait est qu'en se préparant à écouter la devineresse, Noëmi était un peu pâle et que son cœur battait plus vite que d'habitude. Mais Étienne, absorbé par sa préoccupation, ne s'en doutait même pas.

Cependant, la nuit était venue, et Ourida, ayant apporté une bougie, la posa par terre ; car il n'y avait pas de table dans cette chambre affectée aux hôtes indigènes. La chambre était large et carrée ; ses murs, peints à la chaux, étaient d'une blancheur éblouissante ; un tapis de Tunis aux couleurs étouffées s'étendait sur le plancher, avec des coussins destinés à servir de siéges. Tesâdit, ayant enlevé son haïk, apparut habillée d'une draperie de lin blanc ; elle avait les bras nus, comme les pieds, de larges cercles d'argent serrés au-dessus des chevilles, un foulard de soie noire à bandes d'or autour de la tête, et ses colliers de corail, de piécettes marocaines et de verroterie étaient si nombreux, qu'ils lui couvraient littéralement la poitrine, depuis le cou jusqu'à la ceinture. Ses grands yeux en amande et obliquement disposés reluisaient avec un éclat de métal ; elle avait le teint brun, le visage entièrement tatoué de raies bleues, les paupières peintes avec le *kohl*, les dents brillantes, le nez large ; somme toute, l'air un peu sinistre, quoique gracieux.

Sa fille Zouza était une enfant brune et rose, habillée d'une *gandoura* de coton blanc lamé de soie, qui laissait voir ses pieds mignons, dont les talons, grâce au hennah, semblaient deux petites oranges. Pendant que la bohémienne, accroupie à terre, commençait une courte évocation, l'enfant courait par toute la chambre en se traînant sur les pieds et sur les mains. Sa mère l'appela enfin. Elle vint s'asseoir auprès d'elle. Il y avait un tamis devant la devineresse, avec un petit tas de grains de blé, et la bougie brûlait à côté, éclairant les objets de bas en haut, en leur prêtant des formes fantastiques.

La bohémienne commença par examiner les mains d'Étienne et celles de Noëmi, pendant que Marguerite allait fermer la porte de la chambre. Mais à peine eut-elle jeté un regard sur les lignes qui se croisaient au-dessus de leurs poignets, qu'elle releva les yeux jusqu'à leur visage. Il y avait un muet embarras sur celui de la jeune fille, et sur celui d'Étienne une sorte de confusion. Tesâdit réfléchit alors; puis, lâchant les mains des jeunes gens, elle dit :

— Les hommes, comme les femmes, portent le livre de leur destinée suspendu au cou. Chaque jour, de même qu'au jour de la résurrection, on peut leur dire : « Lisez votre livre. » Mais il n'est pas écrit que le faucon lira le livre de l'alouette. Tesâdit parlera séparément à ses jeunes amis.

Étienne se soumit aussitôt et se retira au fond de la chambre avec Marguerite. La bohémienne fit alors asseoir Noëmi devant elle ; puis, s'aplatissant sur le sol, le genou relevé au niveau de l'oreille, elle répandit les grains de blé sur le tamis, les fit toucher à la jeune fille, et, observant alors la disposition qu'ils avaient prise, elle dit à voix basse, en français incorrect, mais compréhensible :

— Dieu n'a pas fait la gazelle pour vivre seule. Elle est adroite et dissimulée, mais elle sait que le mariage règle la conduite. Le passé a vécu ; il ne peut empêcher l'avenir de vivre à son tour. Quand, dans le nid de la tourterelle, les petits sont couverts de plumes, le père leur dit-il : « Restez ? » Non. Il les frappe du bec et les chasse, car ils doivent construire des nids, eux aussi. Ce serait une chose mauvaise que la race des oiseaux d'amour pût périr.

La bohémienne se tut ; Noëmi était interdite, et elle se demandait, avec une surprise mêlée d'effroi, si ses sentiments étaient découverts.

— L'orobe (1) est une jolie fleur, reprit Tesâdit.

(1) Cette plante herbacée de la famille des *légumineuses*, aux fleurs jaunes, blanches, purpurines ou violettes, disposées en grappes, se rencontre dans les prés très-élevés et sous toutes les latitudes, aussi bien dans les Alpes et les Pyrénées que sur l'Atlas.

Elle pousse sur la montagne, et les poëtes ont dit qu'elle représentait le *besoin d'aimer*. La lavande, au contraire, croît aux bords des eaux, et elle est la fleur du *silence*. Pourquoi ma fille cueille-t-elle la lavande, puisqu'elle porte l'orobe dans son cœur ?

A ces mots, Noëmi se mit à trembler. L'allusion était si directe, qu'elle lui fit perdre contenance. Cependant Tesâdit reprit en baissant la voix :

— Celui à qui tu ne souris que dans ton sommeil n'a pas peur des flots. Je le vois sur son bon cheval, rougissant le visage de l'oued Dhamous (1). Son cœur brûle avec du feu. Tu es pour lui comme la figue sucrée pour l'abeille.

Le visage de Noëmi devint pourpre. S'entendre dire de telles choses sous les yeux d'Étienne, la mettait au supplice. Elle aurait mieux aimé mourir que de savoir qu'il les eût entendues. Elle voulut se lever et s'enfuir, mais Tesâdit lui saisit la main.

— A une heure de marche d'ici, aux bords du Montararach, je vois un chef des Français, reprit-elle. Il est tout seul, dans son gourbi, et il y a beaucoup de cendre dans son cœur. L'épervier pleure sa compagne et les aînés de ses petits. Il n'y en a plus

---

(1) C'est-à-dire : humilier, faire honte à.

qu'un dans son aire, et celui-là manque de sagesse. Le moyen de tarir les larmes d'un père, ce n'est pas de les essuyer, c'est de lui donner un enfant de plus.

Noëmi se leva sur ces mots, bien décidée à n'en pas entendre davantage. Comment cette femme l'avait-elle ainsi devinée? Marguerite la regardait avec attention, mais elle ne lui demanda pas ce que lui avait dit la bohémienne. Étienne, cependant, avait pris la place de la jeune fille, et Tesâdit, ayant mêlé les grains de blé, puis les lui ayant fait toucher, se mit à sourire.

— Monseigneur, tu es très-savant, lui dit-elle; mais les marabouts eux-mêmes perdent leur savoir devant deux beaux yeux. Le lion, dans la saison de l'amour, demeure auprès de la lionne, car il sait que les absents se font oublier.

Ce fut au tour d'Étienne de rougir en voyant son projet découvert; mais Tesâdit ne lui laissa pas le temps de l'interroger.

— Quand un danger menace la tente de l'Arabe, reprit-elle, il ne fait pas seller son cheval pour aller se réjouir avec ses amis. Il reste sous sa tente et il veille. Le danger marche sur toi, monseigneur. Il s'avance de plusieurs côtés.

— Quel danger ? demanda Étienne.

— C'est écrit! dit la bohémienne, et ce n'est pas toi seulement qui es menacé. C'est ton père, ta mère, ta sœur, tous les tiens, jusqu'à celle qui rit dans ton cœur et que tu veux fuir.

— Au nom de Dieu! explique-toi, reprit Étienne. Tu m'en dis trop ou pas assez.

— Je te dis ce qui est dans ton livre, monseigneur; pas plus, pas moins. Ouvre les yeux et les oreilles. Tu dois craindre beaucoup de personnes et retenir ce que tu entends. Le premier danger viendra du nord, et dès demain, sous la figure d'un *roumi* (1). Celui-là, si tu réussis à l'éloigner, ce sera avec de l'argent. Le second viendra dans trois jours, des monts du Dahra. Celui-ci, tu auras beaucoup de peine à l'éviter, et, si tu y parviens, ce sera avec l'aide de ton bon cheval. Le dernier viendra du Montararach. Quand il viendra, tu sentiras la terre trembler comme au jour de la résurrection, ce jour où Dieu sera kadhi et les anges témoins (2).

Étienne se demandait s'il devait prendre au sé-

---

(1) Chrétien.
(2) C'est-à-dire : le jour où Dieu sera juge. Tesâdit cite textuellement le Koran.

rieux ces sinistres prédictions (1). Elles l'effrayaient d'autant plus qu'elles n'avaient rien de précis, et qu'il ne savait comment conjurer des événements dont la nature même lui échappait. Cependant Tesâdit reprit la parole :

— Tu n'échapperas au plus grand danger qu'en imitant le *jerbuali* (2) qui se fraye un chemin sous terre. Celle que tu aimes, elle ne fait pas la fantasia avec toi ; mais, comme toi, elle est soumise à la destinée. Il est écrit que tu lui sauveras deux fois la vie ; alors, si elle s'obstine à se taire, ses larmes parleront pour elle. Garde-toi de confondre la huppe, ce joli oiseau, emblème de la piété filiale, avec l'indifférent et vain étourneau (3).

---

(1) Je ne crois pas plus aux devins, et j'y crois même peut-être moins que le jeune Étienne. Cependant, je dois dire ici que, me trouvant un soir chez Sidi-Ben-Ali, caïd des Ouled-Fers, tribu du cercle d'Orléansville, mon hôte fit venir une femme des Beni-Addès qui se trouvait de passage dans son douar, afin de me donner le divertissement d'une scène de chiromancie. Fut-ce l'effet du hasard, ou la bohémienne, ce qui est excessivement peu probable, était-elle en correspondance avec mes amis de Paris ? Le fait est qu'elle me dit les choses les plus surprenantes, toutes vraies, et, dans leur nombre, il y en avait au moins une qui ne pouvait être connue que de moi seul.

(2) C'est la gerboise, et son nom de gerboise n'est qu'un dérivé du nom arabe *jerbuali*. Ce petit animal habite les terrains crayeux et ne sort de son trou qu'à la brune.

(3) Le caractère symbolique de la huppe a passé de l'ancienne

Tesâdit se tut. Bien que ses prédictions eussent été présentées sous une forme assez obscure, et qu'elles pussent ne reposer sur rien de réel, elles contenaient un avertissement, et Étienne ne crut pas devoir le dédaigner. Sa mère, sa sœur et Noëmi étant menacées d'un danger, il abandonna aussitôt le dessein qu'il avait formé de quitter la maison de famille. La prudence, à défaut de l'affection, lui ordonnait de demeurer auprès d'elles pour les secourir. Au moment où il se leva, sa détermination était prise, et, enhardi par les dernières paroles de Tesâdit, il ne put s'empêcher d'arrêter sur Noëmi un regard de tendre intérêt qui, répondant à l'émotion secrète de la jeune fille, appela une teinte rosée sur ses joues.

Cependant Marguerite s'était avancée à son tour, et, demeurant debout devant Tesâdit, le front légèrement incliné, elle la regardait avec les yeux tranquilles et souriants de l'innocence. La bohémienne avait déjà mêlé les grains de blé sur le tamis, mais elle ne les fit pas toucher à la blanche vierge. Nul ne sait ce qu'ils lui apprirent, mais elle se mit soudain à trembler, comme si elle se fût trouvée en présence

---

Grèce chez les Arabes. Ils prétendent que cet oiseau nourrit ses pareils quand ils sont vieux.

de l'un de ces êtres jusqu'où ne peut s'élever la flamme impure des passions humaines, et qui, par leur nature même, échappent à toutes les prévisions, parce qu'ils sont supérieurs à tous les événements. Marguerite regardait toujours la bohémienne, et ses yeux bleus, armés de douce fixité, finirent par lui faire baisser les paupières. On eût dit que Tesâdit ne pouvait supporter l'éclat d'un regard qui n'avait rien de terrestre. Cependant, à mesure qu'elle baissait les yeux, Tesâdit s'était dressée sur les genoux. Elle avança les mains, toucha le bord du vêtement de la jeune fille, et, celle-ci, se laissant faire, la bohémienne, incapable de parler, ou craignant de souiller d'un mot la chaste oreille ouverte pour l'entendre, approcha peu à peu le front de la robe immaculée et y appuya pieusement les lèvres.

— Eh bien, dit Étienne, que ce silence et ces marques de respect intriguaient un peu, ne diras-tu rien à ma sœur?

— Non, monseigneur, répondit Tesâdit en se levant; car, de même que le livre de Marie, mère de Jésus, choisie par Dieu entre toutes les femmes (1), le livre de ta sœur ne contient que des pages blanches.

(1) Tesâdit cite encore ici le Koran. Sidna Meryem est en très-grande vénération chez les musulmans.

X

LE ROUMI (1).

Le lendemain matin, la bohémienne était partie, et Étienne repassait encore dans son esprit les étranges prédictions qu'elle lui avait faites, lorsque sa sœur, qui était assise auprès de lui à l'angle de la terrasse, signala à son attention une petite troupe de voyageurs. Le jeune homme, portant les yeux dans la direction que Marguerite lui indiquait, aperçut, de l'autre côté de l'oued Dhamous, un indigène à pied, qui descendait vers la rivière. Derrière lui s'avançait un Européen à cheval, tenant au-dessus de

(1) Ce mot, comme nous l'avons déjà dit, signifie *chrétien*. Les colons établis depuis longtemps en Algérie l'emploient ironiquement pour désigner les nouveaux débarqués qui, s'étonnant de tout ce qu'ils voient, ont ainsi, à leurs yeux, quelque chose de ridicule.

sa tête une ombrelle ouverte, et, trente pas plus loin, deux autres cavaliers, que leurs blouses grises et leurs bonnets de laine rouge faisaient reconnaître pour des soldats du train des équipages, poussaient devant eux quatre mules pesamment chargées.

Les voyageurs étaient encore trop éloignés pour qu'on pût distinguer leurs traits. Cependant Marguerite n'hésita pas à affirmer que le premier n'était autre que Maumenèsche. Quant au second, qui cheminait sous son ombrelle avec un air de gravité comique, la jeune fille eut à peine arrêté les yeux sur lui, qu'elle fît une petite moue; et, son frère lui ayant demandé si elle le connaissait, elle haussa légèrement les épaules, et répondit nonchalamment :

— C'est un *roumi*.

A ce mot, Étienne ne put s'empêcher de pâlir. Bien qu'il sût à quel point les indigènes sont toujours exactement informés de ce qui se passe dans le pays, sans qu'on puisse se rendre compte des moyens qu'ils emploient pour apprendre les nouvelles, le fait de l'arrivée de l'étranger au jour indiqué par la bohémienne lui causa autant de surprise que d'inquiétude, et il se promit à lui-même de pénétrer ses desseins pour les déjouer.

Cependant Maumenèsche avait traversé la rivière, et, pendant qu'il gravissait le promontoire en droite ligne pour arriver plus vite au bordje et annoncer le voyageur, ce dernier cheminait lentement à travers le lit de cailloux, soutenant son cheval qui trébuchait, et qui, par ses faux pas, imprimait toute sorte de bizarres balancements à son ombrelle. Étienne était encore sur la terrasse auprès de sa sœur, occupé à l'examiner, quand Maumenèsche arriva à la porte du bordje. Là, il secoua la poussière de ses pieds, puis, en habitué de la maison qui ne veut déranger personne, il se dirigea vers la chambre du kebbir. Il le trouva penché sur une carte de l'Afrique et marquant avec des points rouges les étapes de la route d'Alger à Tombouctou. L'idée d'établir un service de caravanes entre nos possessions et le centre du continent préoccupait alors nombre de gens en Algérie, et le kebbir s'était passionné pour cette idée, autant au moins que le commun de ses compatriotes. En voyant entrer Maumenèsche, il suspendit son travail, et, lui adressant un sourire amical, il lui tendit une main, sur laquelle le coureur se pencha pour la baiser.

— Le salut sur toi, Maumenèsche! dit le kebbir

en retirant sa main, ainsi que le prescrit le code de la civilité musulmane.

— Sur toi le salut, monseigneur! répondit Maumenèsche.

Et il lui remit une lettre dont le directeur des affaires arabes de la province l'avait chargé.

Le kebbir rompit le cachet de la lettre. Elle lui recommandait un « M. Simon, honorable capitaliste récemment arrivé de Paris, qui se rendait au village du Montararach pour y choisir une concession de terres. »

Nous savons que le kebbir connaissait depuis longtemps Maumenèsche, et nous avons de bonnes raisons pour supposer qu'il avait confiance en lui.

— Quel homme est-ce que cet étranger? lui demanda-t-il.

— Ah! monseigneur! répondit Maumenèsche avec un geste de fatigue, ce n'est pas un homme, c'est un *mercanti* (1). Depuis trois jours que nous avons quitté Alger, il ne cesse de divertir ton serviteur et les gens de sa suite. Je n'ai jamais vu d'être

(1) Marchand. Les Arabes donnent indistinctement ce nom à tous les Européens qui ne remplissent pas de fonctions publiques, et ils ne le prononcent guère qu'avec une affectation méprisante.

plus craintif ! Il a peur de tout : des coupeurs de route (1), de la fièvre, des lions, des vipères, des moustiques, des scorpions, de la faim, de la soif, du soleil, de la fatigue, de son cheval, de son ombre et de la rosée des nuits. Il marche avec deux pistolets dans ses fontes et une carabine chargée posée sur sa selle. Son bagage serait plus que suffisant pour aller jusqu'au Soudan. Il a, dans une grande boîte, toute sorte de médicaments, et plus de cinquante ustensiles embarrassants, jusqu'à un filtre pour son eau, et je ne sais combien de marmites et de casseroles. Il ne fait point six pas sans son parapluie, et il couche sous un filet (2) pour se préserver des mouches. Tout le long de la route, il n'a cessé de s'étonner du mauvais état du pays, de la largeur des rivières, de la hauteur des montagnes, de l'absence de population, de la malpropreté des caravansérails ; et il ne se fatigue pas de se comporter au rebours de la sagesse et du savoir-vivre. Si un Arabe lui parle, il lui demande des nouvelles de sa femme ; si un autre s'approche de lui pour lui baiser

---

(1) Voleurs de grand chemin.
(2) C'est-à dire sous une moustiquaire, mais Maumenèsche n'y regarde pas de si près.

la botte, il le laisse faire ; il souffle sur sa nourriture ; il crache sous les tentes ; enfin, il offre de l'argent pour l'hospitalité (1). Tout mon temps est occupé, avec lui, à le rassurer contre la crainte des animaux féroces, qui ne se montrent jamais pendant le jour, et à l'empêcher de faire rire à ses dépens les personnes qu'il rencontre. Enfin, tu vas le voir, monseigneur, et tu sauras que Maumenèsche n'a pas menti.

Pendant que le coureur parlait, le kebbir hochait doucement la tête, comme s'il se fût dit que ce portrait devait être ressemblant et pouvait malheureusement se rapporter à la plupart des Français nouvellement débarqués en Algérie. Puis il sortit de la chambre pour aller recevoir l'étranger. Celui-ci venait de mettre pied à terre au seuil de la demeure. C'était un homme d'une quarantaine d'années environ, grand, fort, aux traits communs, à mine légèrement prétentieuse, mais qui semblait d'humeur bénigne et un peu naïve.

— Soyez le bienvenu chez moi, monsieur, lui dit le kebbir.

(1) Inutile de dire que ces actions passent pour être des plus grossières aux yeux des Arabes.

— Ah! cher compatriote, répondit M. Simon en serrant énergiquement la main de son hôte, que je suis aise de vous voir! Voilà trois jours que je n'ai rencontré une figure civilisée dans ce pays. Beau pays, cher monsieur! superbe pays! mais bien mal cultivé, n'est-ce pas? Je suis vraiment honteux, reprit-il, de vous embarrasser de ma personne, mais on m'a dit, à Alger, que vous seul pourriez me faciliter mes petites affaires. Au surplus, je ne vous dérangerai que le moins possible.

Le kebbir répondit que M. Simon pouvait demeurer chez lui aussi longtemps qu'il lui plairait, puis il l'introduisit dans sa maison. Les nègres, en ce moment, servaient le déjeuner, et toute la famille était réunie dans la salle à manger; de sorte que la présentation de l'étranger fut aussitôt faite. En se trouvant ainsi en présence de femmes gracieuses et belles, M. Simon se mit soudain en frais d'amabilité.

— Je commence par vous demander un million de pardons, mesdames, s'écria-t-il en s'asseyant à table, de me présenter devant vous en costume de voyage; mais je ne m'attendais pas à trouver dans ce désert une si belle compagnie. Si ce n'étaient cette cour mauresque et ces noirs silencieux, on se croirait à Paris, mon cher hôte. Il ne vous manque ici aucune des douceurs de la vie. C'est véritablement prodigieux !

Marguerite écoutait le roumi et le regardait manger en souriant, car il avait grand'faim et tordait les morceaux avec une voracité de chacal. Sa mère, plus habituée à rencontrer toute sorte de gens, et qui ne s'étonnait de rien, au surplus, le servait avec son affabilité ordinaire ; Noëmi ne lui accordait qu'une attention médiocre ; mais Étienne, mis en défiance par la bohémienne, ne le perdait pas de vue et pesait chacun de ses mots.

Tout en mangeant, M. Simon continuait à parler, et ses discours ne roulaient absolument que sur lui-même. On eût dit, à l'entendre, qu'il n'y avait que lui d'intéressant dans toute la création. Il apprit à ses hôtes qu'il était marié, mais qu'il n'avait pas d'enfants, ce qui ne laissait pas de le chagriner quelque peu ; car il avait gagné dans les affaires une belle fortune, et il lui déplaisait de la léguer un jour à des collatéraux. Cela ne l'empêchait pas d'employer tous ses soins à la faire valoir.

— Je possède à Paris, reprit-il, une maison de

location ; j'ai, de plus, de grands intérêts dans quelques hauts fourneaux de la Belgique ; enfin, je commandite à Marseille une entreprise de transit. Ce qui m'a donné l'idée de faire un voyage en Afrique, c'est que, depuis longtemps, je voulais employer mes économies à acquérir une exploitation rurale ; mais les terres coûtent cher en France, et je suis de ceux qui ont foi dans l'avenir de l'Algérie. Les journaux m'ayant appris que l'administration s'occupait de créer un port sur cette côte, j'ai pensé que ce ne serait pas une mauvaise spéculation de mettre en culture un domaine quelconque dans les environs. Le coton doit venir merveilleusement sur le littoral, et, si l'on peut expédier ses récoltes directement d'ici à Marseille, on doit réaliser, tôt ou tard, de beaux bénéfices sur les produits de sa plantation. On m'a dit, à Alger, que je trouverais d'excellentes terres auprès des vôtres. Si elles sont à ma convenance, je tâcherai de m'en rendre acquéreur, moyennant une centaine de mille francs. Cinquante mille suffiront pour bâtir une ferme et pour les frais de premier établissement. Une fois que le domaine sera défriché, je rentrerai en France, et je ferai diriger mon exploitation par un régisseur. N'est-ce pas là une bonne idée ?

Le kebbir avait écouté l'étranger avec une certaine inquiétude. Il lui répondit :

— Je ne crois pas, monsieur, qu'il vous soit possible de trouver un lot de terre suffisant pour créer un domaine dans les environs du village. Il s'y trouve un grand nombre de parcelles cultivables ; mais elles sont séparées les unes des autres, et ne peuvent être appropriées qu'à la petite culture. C'est tout au plus si elles feraient des jardins maraîchers.

— Je sais cela, reprit l'étranger. Aussi, n'ai-je pas l'intention de m'installer auprès du village. C'est près de vous, sur cette côte élevée qui borde la mer, que j'espère trouver ce qui me convient. Les terres, en cet endroit, m'a-t-on dit, sont légères, bien abritées et sablonneuses ; comme telles, elles semblent faites exprès pour la culture du coton.

— Mais, monsieur, reprit le kebbir en pâlissant, vous me paraissez ignorer que ces terres ne sont pas vacantes. Elles appartiennent à la tribu des Beni-Haoua.

— Eh ! je le sais, fit le roumi de l'air d'un homme

que l'on n'a jamais pris au dépourvu. Mais, comme tous les Arabes, vos voisins sont très-paresseux et routiniers. Ils cultivent mal, ils ne savent pas tirer parti de leurs bruyères. Aussi, l'administration a-t-elle résolu de les déposséder. Oh ! elle ne leur enlèvera pas, pour cela, les moyens de vivre, reprit-il avec bonhomie. Elle leur donnera un territoire de mêmes dimensions, mais plus reculé, vers le Sud ; du côté de Tiaret, m'a-t-on dit. Au surplus, cela n'est pas mon affaire.

A ces mots, prononcés négligemment, comme s'ils avaient été l'expression de la chose la plus légitime, tous les auditeurs du roumi se regardèrent avec tristesse. Le kebbir surtout était péniblement affecté. Après quelques secondes de réflexion, employées à maîtriser ses sentiments secrets, il répondit :

— J'ignorais cette résolution de l'administration, et, si je l'avais connue, je l'avoue, je l'aurais combattue de toutes mes forces. Il y a sans doute quelque vérité dans ce que vous avez dit au sujet du caractère des Arabes : les Arabes n'ont pas les mêmes idées que les Européens sur le travail, et, leurs outils étant moins perfectionnés que les nôtres, le rendement de leurs terres est toujours inférieur à celui du sol cultivé par les colons intelligents. Mais ce n'est point une raison, selon moi, pour qu'on prenne le droit de les promener partout l'Algérie, sous prétexte de routine et de paresse. La justice est la justice. Nul n'a de comptes à rendre de ce qui lui appartient. Que diriez-vous si l'on vous obligeait à troquer ces hauts fourneaux que vous possédez contre une lande ou une carrière, soi-disant parce que vous n'en savez pas tirer un bon parti ? Sous la domination turque, il est vrai, les tribus étaient à la merci du dey, qui les déplaçait au gré de sa politique ou de son caprice. Il n'y avait pas plus de garanties en Algérie pour les biens que pour les personnes ; mais sommes-nous venus ici pour continuer le despotisme des Turcs ? et nous qui nous vantons d'être le peuple humain et généreux entre toutes les nations de la terre, devons-nous imiter les excès de pouvoir des Anglais dans l'Inde, et traiter un peuple soumis, qui ne demande qu'à vivre en paix sous nos lois, avec la sécheresse de cœur et le féroce esprit de calcul des Américains ? Si je vous parle ainsi, monsieur, ce n'est point que je veuille vous rendre responsable des abus qui se commettent en Afrique (1) ; c'est que je n'ignore pas que nombre de gens gourmandent l'administration, qui, selon eux, porte un intérêt trop vif aux Arabes. A les entendre, le seul moyen de coloniser l'Algérie, serait de mettre la main, pour les leur donner, sur toutes les terres des indigènes, et de refouler dans le désert, dût-il y succomber de privations et de misère, le peuple qui les gêne, et dont les propriétés sont garanties par les traités. Si on les écoutait, ces colonisateurs intéressés, nous qui, dans tous les temps, nous sommes annoncés comme les défenseurs des nationalités opprimées, on nous verrait commettre ici autant d'abus que nous en combattons chez les autres. La même épée qui s'est levée pour affranchir les Américains, les Grecs, les Belges et les Italiens se tournerait contre les Arabes. La France enfin, reniant son passé, cesserait d'être ce qu'elle a toujours été : l'espoir des persécutés, le refuge des proscrits, la nation équitable, hospitalière par excel-

(1) Ces abus, qui n'étaient que trop nombreux en 1860, ont été heureusement supprimés par le sénatus-consulte du mois de mars 1863. En déclarant les tribus propriétaires des territoires dont elles ont la jouissance traditionnelle, le sénatus-consulte a fait acte de parfaite politique et de justice. Grâce à Dieu, les excès et la plupart des maux trop réels signalés dans la suite de cette étude ne pourront plus se représenter en Algérie.

lence, pour descendre peut-être jusqu'au niveau de la Russie. Monsieur, pardonnez-moi de m'exprimer avec cette chaleur, mais ce sujet est de ceux que je ne puis envisager froidement.

— Eh ! bon Dieu ! cher monsieur, répondit le roumi après quelques secondes de silence, qui se serait attendu à vous voir, vous, colon de ce pays, prendre ainsi la défense de vos ennemis naturels ?

— Les Arabes ne sont pas mes ennemis, reprit le kebbir. Je les aime fort, au contraire, et je ne me serais pas établi dans leur voisinage si mon installation avait dû causer le moindre préjudice au dernier d'entre eux. Je tiens mes terres d'un homme qui me les a vendues librement, qui s'est même estimé heureux de me rencontrer pour tirer un bon prix de son domaine; et je regarde comme un devoir de rendre justice à ses coreligionnaires. Ce sont pour la plupart de très-honnêtes gens, je vous le jure. Vous le reconnaîtrez, si vous avez affaire à eux.

— Mais enfin, ce sont des Arabes, s'écria le roumi, c'est-à-dire des gens indignes de tout intérêt ! des barbares !...

— Vous les jugez avec prévention, répondit le kebbir. Si vous ne les estimez pas, c'est que vous ne les avez point combattus. Les Arabes ne sont pas exempts de vices ; mais sommes-nous parfaits en Europe ? Il y a des criminels parmi eux ; mais en a-t-il jamais manqué chez nous ? Leur morale n'est pas la nôtre, j'en conviens ; elle n'en a pas moins une incomparable grandeur ; et je crois me montrer l'ami de mon pays en souhaitant à mes compatriotes quelques-unes de leurs vertus.

— Ah ! quant à leurs vertus, reprit le roumi, je crois que vous aurez quelque peine à me les faire admettre. Je ne suis pas depuis longtemps dans le pays, mais je connais les événements qui s'y sont passés. Les Arabes abhorrent les chrétiens. Ce sont des gens sans foi ni loi. Enfin, ils sont les plus cruels de tous les hommes...

— Monsieur, interrompit le kebbir, qui faisait de très-grands efforts pour rester maître de lui-même, je ne sais si je manque de bon sens et d'esprit de justice, mais il me semble qu'il n'est rien de plus attristant que le fait d'un peuple vainqueur dénigrant, de parti pris, un peuple vaincu. Les Arabes, depuis quelque temps surtout, sont accusés avec violence. Les malheureux ! ils n'ont pas de journaux pour se défendre ! Cela m'est un motif de plus de les soutenir en toute occasion. Sachez qu'ils n'abhorrent pas plus les chrétiens que les chrétiens ne les détestent. Il y a entre les deux races réciprocité de sentiments. Quant à leur manque de foi, je vous crois mal instruit : les musulmans n'ont que trop de foi ; la preuve, c'est que la foi, bien plus que le sentiment de la nationalité, les pousse à répudier nos usages. Quant à leur cruauté, permettez-moi de vous demander quel est le peuple, même parmi les plus fiers de leur civilisation, qui ne se soit jamais déshonoré par des actes de cannibales. Faut-il vous rappeler les massacres commis par les Espagnols au Pérou, au Mexique, en tous lieux où leur fureur était décuplée par l'inquisition ? Vous parlerai-je des atrocités commises par les Anglais en Irlande, dans l'Inde, et chez eux-mêmes, lors de leur changement de religion ? Les Russes vous semblent-ils humains ou cruels, en Pologne ? Et nous-mêmes, si fiers de nos sentiments généreux, sans rappeler tant de crimes commis à l'égard des Vaudois, des Albigeois, des juifs, des protestants ; tant d'autres qui souillèrent nos mains, plus récemment, dans nos discordes politiques ; pensez-vous que nous ayons toujours, en Afrique même, fait la guerre avec humanité ? Il y a, selon moi, quelque chose de supérieur à la glorification quand même de sa patrie, c'est la vérité. Dites donc, si vous voulez, que, de toutes les créatures qui peuplent la terre, l'homme est la plus cruelle, car elle est la seule qui verse le sang, non-seulement pour se nourrir, mais pour la satisfaction de ses intérêts, de ses passions et la propagation de ses idées ; dites que, avec des raffinements inconnus aux tigres, l'homme ne se contente pas toujours de verser le sang, mais qu'il se plaît à torturer souvent la chair de ses victimes jusque dans la dernière fibre ; dites que, toutes les fois qu'un despote aspirera au rôle de bourreau, il sera sûr de trouver des valets pour l'y encourager et pour l'y aider, et que la civilisation sera malheureusement toujours impuissante à maîtriser l'affreux zèle des ducs d'Albe, des Pizarre, des Jeffrys, des Basville, de tant de monstres qu'il me répugne de citer, car il me semble que leurs noms souillent mes lèvres ; dites enfin que, de toutes les horreurs du monde, la guerre est la plus funeste, et qu'il faut, en principe, détester la guerre, car la plus légitime ne vit que de la mort, après tout ! Mais cessez d'accuser ici les seuls Arabes de cruauté, ou les pierres teintes de leur sang trouveraient une voix pour vous répondre. Je parle de ce que j'ai vu !

— Mon Dieu ! mon cher monsieur, reprit le roumi, qui commençait à se sentir un peu embarrassé de son rôle, que les Arabes soient cruels ou non, cela m'est fort indifférent, je vous assure, et je n'ai fait, en les accusant, que répéter ce que tout le monde dit. Vous paraissez les aimer beaucoup, et vous avez sans doute de bonnes raisons pour cela. Moi, je ne les aime ni ne les déteste. Je ne les connais pas, d'ailleurs, et je ne demande pas mieux que d'être édifié à leur égard. Ainsi, à votre avis, les Arabes sont donc sans défaut ?

— Ils ont de très-grands défauts, au contraire, répondit le kebbir. Ils sont hommes, et, comme tels, soumis à toutes les imperfections de l'humanité. Ce qui fait que je m'intéresse aux Arabes, comme le font, au surplus, tous ceux qui les connaissent, c'est que d'abord, étant ici les maîtres, les Français, selon moi, doivent s'y montrer généreux ; ensuite, c'est que les Arabes, ignorants, illettrés, sont placés vis-à-vis de nous, si bien armés par la civilisation, comme des enfants en présence des hommes, et que le devoir des hommes n'est pas de se jouer des enfants, mais de les instruire, de les protéger, de les élever jusqu'à eux.

— Mais, s'il en est ainsi, s'écria le roumi, la France n'a que faire d'attirer ici de nouveaux colons, et désormais la colonisation pourrait s'opérer par les seuls Arabes.

— C'est presque mon avis, répondit le kebbir.

— La France même, reprit le roumi, peut renvoyer dans la mère patrie tous ceux de ses enfants qui sont venus s'installer en Algérie, et partager leurs terres entre les indigènes.

— Non. Ce serait aller beaucoup trop loin, dit le kebbir. En toute chose, il ne faut point dépasser le but. Il est ici des droits acquis. On doit les respecter, comme partout. La France ne peut favoriser les Arabes au détriment des Européens; elle doit leur appliquer à tous la même loi de justice. L'intérêt que je porte aux Arabes ne m'aveugle pas à ce point de me faire oublier au prix de quelles privations, de quels sacrifices et grâce à quelle touchante résignation, un certain nombre de nos colons ont conquis leurs propriétés. Ces propriétés sont sacrées. Le voisinage des colons, d'ailleurs, s'il a ses inconvénients, a le bon effet d'instruire les Arabes, d'exciter leur émulation, de les amener peu à peu à notre niveau. Les Arabes ne peuvent se maintenir en Algérie qu'à la condition de nous égaler un jour en civilisation ; ils le savent, et, quoique chez eux presque toutes les habitudes de la vie diffèrent des nôtres, ils s'efforcent d'y parvenir. La plupart des Beni-Haoua, qu'on veut déplacer, ont commencé depuis longtemps à se servir de nos instruments de culture ; leurs bestiaux sont mieux soignés que ceux des tribus voisines ; enfin, le plus grand nombre d'entre eux parle notre langue ; ce serait peu de chose pour des chrétiens ; pour des musulmans, c'est beaucoup. Le jour où ils seraient reconnus propriétaires définitifs de leur territoire, où, avec tous leurs coreligionnaires, ils jouiraient en Algérie des mêmes droits que les Français, rassurés sur nos intentions et se sentant enfin maîtres chez eux, j'en suis certain, ils redoubleraient d'efforts pour améliorer leurs terres, et la France trouverait en eux les colons les plus dévoués et les plus durs à la fatigue, car ils ont cet immense avantage sur nous, de ne point souffrir du climat.

— Mais enfin, cher monsieur, reprit le roumi, on

ne peut cependant faire entrer des Bédouins dans la grande famille française !

— On y a bien introduit successivement des Bretons, des Basques, des Flamands, des Allemands, des Corses et tout dernièrement des Italiens !

— Bon ! mais ces peuples suivent notre religion, répliqua le roumi, et les musulmans la détestent. Avec la meilleure volonté du monde, il est absolument impossible de donner à des musulmans les mêmes droits qu'à des chrétiens !

— Pourquoi? demanda le kebbir. La Révolution ne l'a-t-elle pas fait pour les juifs? En quoi les musulmans, qui révèrent le Christ comme un prophète, méritent-ils moins d'être émancipés que les descendants de ses meurtriers?

Le roumi ne trouva rien à opposer à cet argument, et, le déjeuner étant terminé, le kebbir se leva de table. Pendant toute la durée de la discussion, sa femme et ses enfants avaient gardé le silence, mais leurs regards montraient surabondamment à quel point ils sympathisaient avec lui. Étienne surtout avait eu quelque peine à se contenir devant certaines allégations de l'étranger, et il ne fallut rien moins que le respect filial pour l'empêcher de couper la parole à son père. L'intérêt qu'il prenait à la discussion ne l'empêchait pas cependant de chercher à deviner comment la présence du roumi pouvait constituer un danger pour sa famille; et, ne découvrant rien à cet égard, il commençait à se reprocher la confiance qu'il avait accordée aux prédictions de la bohémienne, lorsque certaines paroles de son père lui rendirent ses appréhensions.

Le kebbir, en se levant de table, avait pris la main du roumi et s'était excusé de sa vivacité.

— Vous êtes ici, monsieur, lui dit-il, dans le pays de la discussion. Chacun à son idée sur l'éternel sujet de la colonisation, et s'efforce tant qu'il peut de la défendre. Cela nous fait oublier parfois la déférence que nous devons avoir pour les personnes qui nous font l'honneur d'accepter l'hospitalité de notre foyer. Malgré la passion que je vous ai montrée, croyez bien que je m'estimerai heureux de vous aider dans votre recherche, et, si je ne puis vous décider à choisir une concession dans quelque autre partie de la province, tant que vous serez sous mon toit, vous pourrez être sûr de ne courir aucun danger.

Ces paroles, qui avaient pour but de tranquilliser

M. Simon, n'eurent d'autre résultat que d'exciter en lui une grande peur. Le seul mot de danger le fit frémir. Il se voyait déjà sous les couteaux des Bédouins.

— Comment! Qu'entendez-vous par là? balbutia-t-il. On m'avait dit que le pays était en paix.

On vous a dit la vérité, reprit le kebbir. Mais, depuis quelques jours déjà, j'ai appris qu'il y avait une sourde émotion dans la tribu des Beni-Haoua. Je ne savais à quelle cause l'attribuer; ce que vous m'avez dit des intentions de l'administration me l'explique. Si l'on rêvait de vous déposséder de vos biens, il est probable que vous donneriez quelques faibles signes d'inquiétude. Les gens dont vous voulez *cultiver* les terres — le kebbir souligna le mot avec intention — ne peuvent vous voir d'un bon œil. Ne dites donc point ici qui vous êtes, ne parlez à personne du motif de votre voyage, où vous pourriez vous attirer de grands embarras.

— Mais, malheureux que je suis! s'écria M. Simon changeant de couleur, non-seulement je ne l'ai caché à personne, mais je l'ai crié sur les toits, le motif de mon voyage! Tout le monde le connaît à Alger. J'en ai causé plus de dix fois avec le guide qui m'a conduit chez vous, et je l'ai confessé à tous les gens que j'ai rencontrés sur la route.

— Vous avez eu le plus grand tort, reprit le kebbir. Je ne crains rien de Maumenèsche; pour lui comme pour tous les Arabes, le silence est une qualité de nature. Mais je ne réponds pas des gens qui, probablement, ne se sont trouvés sur votre passage que dans l'intention de vous faire parler.

— Vous disiez, objecta piteusement le roumi, que les Arabes avaient des vertus, qu'ils n'étaient pas du tout cruels, qu'ils étaient très-reconnaissants du bien qu'on leur fait.

— Oui. Mais, s'ils sont reconnaissants du bien, ils ne pardonnent jamais le mal.

— Mais, s'il en est ainsi, je retourne à Alger tout de suite! reprit M. Simon, avec un soubresaut de terreur.

— Cela ne vous préserverait de rien, dit le kebbir. La meilleure chance que vous ayez pour vous tirer d'affaire, c'est de demeurer avec moi.

— Les voilà donc, s'écria tout à coup M. Simon, ces Beni-Haoua si charmants que vous me vantiez tout à l'heure; ces gens dont on devrait s'empresser de faire des Français!

— Je crois pouvoir répondre des Beni-Haoua, dit

le kebbir. Mais, dans tous les pays du monde, il se trouve des gens qui ne vivent que du désordre et se placent au-dessus des lois. A la moindre agitation, on les voit sortir de dessous terre. Je ne réponds pas de ceux-là. Ils savent qu'une tribu mécontente, si elle ne les aide pas dans leurs desseins, pourra fort bien fermer les yeux pour les laisser faire. Qui me dit, maintenant, que déjà, partis de divers côtés, ils ne sont pas en route pour tenter quelque méchante entreprise? Ah! monsieur, je n'ai pas de reproches à vous faire, mais que de mal vous pouvez causer!

Les femmes, heureusement, avaient quitté la salle. Noëmi n'entendit donc pas les dernières paroles du kebbir, qui n'auraient pas manqué de la faire trembler pour son père; mais Étienne comprit alors à quels événements possibles la bohémienne avait fait allusion, et, rougissant un peu, il s'empressa de raconter ce qui s'était passé entre elle et lui, ne supprimant de sa relation que ce qui avait rapport au roumi et à ses propres sentiments pour la fille du capitaine.

Le kebbir tressaillit en entendant le récit de son fils et le blâma d'avoir laissé partir la bohémienne avant qu'il pût l'interroger.

— Est-ce que vous croyez aux devins? lui demanda M. Simon.

— Fort peu, monsieur, répondit-il. Mais je crois que les Arabes sont toujours parfaitement renseignés sur ce qui les intéresse. La soi-disant prédiction de cette femme des Beni-Addès, rapprochée de l'agitation qui règne chez nos voisins, en est une preuve. Elle a dit que de grands dangers menaçaient nos amis et ma famille, et, si elle l'a dit, elle le sait.

— Mais enfin, s'écria M. Simon affectant, pour se rassurer, une confiance qui était bien loin de son cœur, que peut-on tenter contre nous? Il y a une garnison à douze lieues d'ici, à Cherchell; une autre à Ténez; une autre à Orléansville; une encore à Milianah. Nous sommes, pour ainsi dire, entourés de troupes; les Arabes, s'ils voulaient tenter le moindre coup de main, seraient donc écharpés dans les vingt-quatre heures. Ils doivent le savoir. Moi, je ne crains rien.

— On voit bien, cher monsieur, reprit le kebbir, que vous n'avez jamais eu affaire aux fils du prophète; sans cela, vous ne parleriez pas ainsi. Croyez-vous que, s'ils sont décidés à quelque violence, ils vont nous envoyer une façon de héraut d'armes pour nous déclarer la guerre ; puis, en plein jour, s'avancer contre nous, en rase campagne, tambours en tête et enseignes déployées ? Ce n'est pas précisément de cette manière que les choses se passent quand une tribu se soulève, ou plutôt, car je ne crois pas que nous ayons rien de tel à redouter, quand une bande de coupeurs de route s'est mise en marche pour une expédition. Écoutez. Ma maison serait-elle littéralement entourée d'un cordon de soldats, se touchant coude à coude, ils trouveraient moyen de se faufiler au milieu d'eux. Par quelque nuit obscure, sans que le moindre bruit signalât leur approche, tout à coup vous les reconnaîtriez à vos côtés. Le serpent ne glisse pas dans l'herbe avec une agilité pareille à la leur. Vous les attendez ici, ils sont là. Avant que vous ayez le temps d'ouvrir les yeux, l'idée de pousser un cri, vous expirez sous leurs couteaux. Puis, le crime commis, ils s'évaporent. Le flocon de fumée est plus facile à saisir dans l'air que ces meurtriers sur le sol. Quelquefois c'est par l'incendie qu'ils débutent, et d'habitude ils finissent par pillage. Telles sont les façons de procéder des voleurs de grand chemin, dans ce pays.

— Eh bien, j'ose affirmer qu'elles sont on ne peut

plus encourageantes ! s'écria M. Simon verdissant de peur. Si nous demandions des renforts à Alger ?

— A quoi bon ? répondit le kebbir. Quand les secours arriveraient, le coup serait fait. Et puis l'autorité a parfois la main un peu lourde ; et, malgré ses bonnes intentions, elle peut frapper en aveugle. Mieux qu'elle, je l'espère, je saurai trouver les coupables et décourager leurs desseins. Nous devions aller au camp aujourd'hui ; on nous y attend, nous allons partir. Nous avertirons nos amis et les engagerons à se tenir sur leurs gardes ; puis, c'est là le plus important, nous irons sonder les dispositions des Beni-Haoua. Encore une fois, je ne crois pas qu'ils entreprennent jamais rien contre moi, ni même qu'ils me laissent attaquer sans me défendre ; mais il est d'autres gens qu'ils peuvent ne pas se croire tenus de secourir. Cette menace d'un danger venant du Dahra, que la bohémienne a faite à mon fils, ne me plaît pas. Les Sbeah, habitants du Dahra, sont les pires mécréants de la terre. Ceux-là ne respecteraient rien ici, et, même avec le secours de mes voisins, je ne serais pas certain de préserver ma maison, s'ils avaient résolu de l'incendier. Allons ! voilà la paix sortie d'ici, et pour longtemps peut-être !... Vous nous accompagnerez, monsieur, et, chemin faisant, vous trouverez l'occasion de jeter un coup d'œil sur les terres qui vous tentent si fort.

— Cher monsieur ! s'écria le roumi, je vous donne ma parole d'honneur qu'elles ne me tentent plus. Mais, dites-moi, pourquoi, vous qui n'avez rien fait à ces Sbeah, craignez-vous qu'ils ne s'abattent sur votre demeure ?

— Je redoute les Sbeah, répondit le kebbir, pour tous ceux qui se trouvent à la portée de leurs couteaux.

— Comment ne détruit-on pas jusqu'au dernier de tels misérables ? demanda M. Simon.

— Il est plus sage et plus humain de les civiliser, répliqua le kebbir. Mais nous n'avons plus de temps à perdre. Étienne, va prévenir ta sœur et son amie que nous les attendons.

— J'ai des armes, dit le roumi en claquant des dents. Faut-il les prendre ?

— Non. Vous ne courez aucun danger pendant le jour, dit le kebbir. Mes armes, au surplus, soit dit sans vous offenser, valent un peu mieux que les vôtres.

— Comment! des pistolets du capitaine Colt? une carabine Devismes?

— Mes pistolets, à moi, dit en souriant le kebbir, viennent du capitaine Dieu. Ils se nomment l'*obéissance au devoir* et la *justice*. Quant à ma carabine qui provient du même ouvrier, elle a fait plus de conquêtes à elle seule que toutes les armes du monde.

— Comment se nomme-t-elle donc? demanda le roumi.

Le kebbir leva les yeux au ciel et répondit :

— La *persuasion*.

XI

L'AVEU.

Il était environ deux heures quand la petite troupe quitta le bordje, suivant un sentier pratiqué au sommet de la côte, et se dirigeant vers l'embouchure du Montararach. Le kebbir s'avançait le premier, monté sur la jument alezane dont il se servait d'habitude. Marguerite et Noëmi se tenaient à quelques pas derrière lui, causant avec Étienne, qui maintenait son fidèle Salem entre leurs mules. M. Simon venait ensuite, discutant avec Maumenèsche. Ourida fermait la marche, assise sur un âne, et enveloppée jusqu'aux yeux dans sa *moulaïa*.

Maumenèsche, n'ayant pour le moment rien de mieux à faire, s'amusait à tourmenter M. Simon.

— Bonnes terres, monsieur (1) ! lui disait-il, — il aurait mieux aimé mourir que de donner du monseigneur à un mercanti. — Bonnes terres ! Le coton y viendrait tout seul, comme les scorpions sous les cailloux.

— Est-ce qu'il y a des scorpions ici? demanda M. Simon.

— Il y en a partout, monsieur, répliqua Maumenèsche ; mais ce sont les *leffâ* surtout qui abondent sur cette côte.

— Qu'est-ce que les leffâ ? dit M. Simon.

— Ce sont de tout petits serpents, que vous autres Français nommez des vipères. Elles ont des cornes sur le front, et, quand il fait très-chaud, comme aujourd'hui, elles s'étendent dans les sentiers, au soleil. De loin, on les prendrait pour des brins de baguettes. Mais il faut se garder de marcher dessus. Leur piqûre donne la mort en moins d'une minute. Ce sont de très-mauvaises bêtes, monsieur.

— Comment ne crains-tu pas d'en rencontrer quelqu'une, demanda M. Simon, toi qui marches toujours nu-pieds ?

---

(1) *Si* en arabe. C'est la contraction de *sidi*.

— Les leffâ se sauvent devant moi, dit Maumenèsche. Elles savent que je suis cousin d'un aïssaoua, et les aïssaoua mangent les vipères.

— Quel conte me fais-tu là! dit M. Simon blêmissant.

— Monsieur, je ne te fais pas de contes, répondit Maumenèsche. Chacun sait que les aïssaoua mangent, non-seulement des vipères, mais encore des scorpions, du verre pilé, des poulets vivants, de grosses araignées, et toute sorte d'autres choses répugnantes (1).

— Pouah! fit M. Simon; mon hôte, qui soutient si bien les Arabes, s'est bien gardé de me parler de cela!

— Ça ne fait rien, reprit Maumenèsche. Quoiqu'elles contiennent beaucoup de vipères, les terres des Beni-Haoua sont très-bonnes, et, si toute cette

---

(1) La secte religieuse des aïssaoua ne donne plus que de très-rares représentations à Alger. J'ai eu la chance d'assister à l'une d'elles. Il serait difficile de se figurer une scène mieux faite pour vous dégoûter de toute espèce d'aliments. Ce que Maumenèsche ne dit pas, c'est que, non contents d'avaler les bêtes et les objets les plus répugnants, les aïssaoua promènent leur langue sur des pelles chauffées à blanc et se contorsionnent en hurlant pendant des heures entières. J'en ai vu quelques-uns mâcher et avaler des feuilles de figuier de Barbarie hérissées d'épines brûlantes! D'autres mangeaient du drap, des lambeaux de burnous!

côte était moins malsaine, on voudrait y passer sa vie.

— Comment! cette côte est malsaine? dit M. Simon.

— Extrêmement, monsieur, dit Maumenèsche avec une imperturbable gravité. La fièvre y dure toute l'année, surtout pendant les chaleurs. Et l'eau est comme empoisonnée; car, tu as pu le remarquer, monsieur, les sources sont toutes pleines de lauriers.

— Mais alors, dit M. Simon, comment les habitants du bordje et les Arabes, qui respirent cet air et boivent ces eaux, se maintiennent-ils en bonne santé?

— Ils sont acclimatés, monsieur. La fièvre ne peut rien sur eux. Et, quant à l'eau, le kebbir a des puits dans son jardin, et les Arabes, tu le sais, ne s'abreuvent que de café.

Ce dernier mensonge était d'autant plus impudent, que, à l'exception des chefs et des habitants des villes, les Arabes, contrairement à l'opinion reçue, ne boivent jamais de café. Mais Maumenèsche ne craignait pas d'être démenti par le roumi, et, ayant résolu de faire tout ce qu'il pourrait pour le renvoyer du pays, il cherchait dans son imagination le moyen de lui inspirer de nouvelles craintes.

Cependant la petite troupe venait d'atteindre l'un des affluents du Montararach. La rivière avait environ soixante pieds de large, et elle décrivait une grande courbe en descendant des hautes montagnes. Son lit, dans toute son étendue, était tapissé de lauriers d'égale hauteur ; la brise se jouait dans leurs rameaux, et les rayons du soleil coulaient par-dessus. On eût dit une rivière de roses qui s'en allait languissamment vers la mer. Des chèvres noires broutaient sur ses bords ; l'onde invisible chantait à petit bruit en s'écoulant entre les pierres, et un troupeau de vaches la traversait, conduit par un Arabe aux jambes nues. Cet Arabe, en marchant, jouait sur son hautbois un de ces airs tendres et lents qui font rêver, ressemblant à des plaintes ; et, se mêlant à cette brise, aux chuchotements de cette eau courant sous les fleurs, à ce beau ciel, à ces rayons, ce hautbois exhalait de si doux soupirs, des accents si passionnés, qu'il vous saisissait tout le cœur.

Étienne et ses compagnes s'étaient arrêtés devant ce paysage arcadien, sur lequel le chant du hautbois répandait une sorte de mélancolie pleine de charme. Mais le roumi, parfaitement insensible aux harmonies de la nature, n'y voyait rien que les lauriers poussant dans l'eau, l'emplissant de leurs feuilles tombées et exhalant sous le soleil une odeur d'amande énervante.

— Le fait est, se dit-il, que cette terre ne peut être saine ; elle est capable d'infecter toute la contrée quand on y mettra la pioche.

— Vois-tu, monsieur, reprit Maumenèsche jouissant intérieurement de l'effet de ses hâbleries, ce pays-ci, il est très-bon pour les Arabes, mais beaucoup moins pour les hommes du Nord. Sur dix qui viennent y planter leur tente, il y en a huit qui laissent leurs os dans la terre, la première année. Par exemple, les deux autres se portent très-bien. Vois le kebbir et sa famille. Si ce n'était l'impôt de la panthère, que de colons seraient déjà enterrés ici !

— Comment ! l'impôt de la panthère ? dit M. Simon en faisant un grand soubresaut.

— Sans doute ! reprit Maumenèsche. Ignores-tu que cette bête est très-vorace ? Elle attaque rarement les hommes, si ce n'est pendant la nuit, et encore, quand elle ne rencontre rien de plus délicat à manger. Elle préfère les bœufs, les chevaux, les moutons, les chèvres, et elle en fait une terrible consommation. Elle ne se contente pas de tuer l'animal nécessaire à son repas, elle déchire tout ce qui passe à portée de ses grosses pattes. Elle grignote un petit morceau des uns, boit une tasse ou deux du sang des autres, et traîne dans son repaire la proie qui flatte le plus son goût. Cette prodigalité fait qu'une panthère coûte très-cher à nourrir, quelque chose comme deux cents douros chaque mois (1), et il n'en manque pas dans ce canton.

Ces histoires, qui n'étaient au fond qu'un « subtil mélange de vérités et de mensonges, » récréaient excessivement peu M. Simon. Pour beaucoup, maintenant, il aurait voulu se trouver à Paris, dans sa maison de location, et la crainte des Sbeah, des scorpions, des vipères, des panthères, de l'eau empoisonnée, sans compter la terreur de la fièvre, lui causaient une sorte d'agacement des plus douloureux. Cependant, malgré sa candeur, il était Parisien, et, comme tel, se méfiait un peu des plaisanteries et des badinages. L'idée que le coureur

_____

(1) Le *douro* vaut 5 francs 50 centimes.

pouvait s'amuser à ses dépens lui vint à l'esprit, et, profitant du moment où celui-ci était allé stimuler le petit âne d'Ourida, resté en arrière, il s'approcha d'Étienne, qui continuait à causer avec les jeunes filles, et lui demanda, sans préambule, ce qu'il pensait de Maumenèsche.

— Maumenèsche ? répondit Étienne, qui, n'étant pas au courant de ce qui s'était passé entre le guide et M. Simon, ne vit dans cette question que l'expression d'une curiosité banale. — C'est le plus honnête homme que je connaisse.

Ce brevet d'honorabilité si nettement donné à l'Arabe eut pour effet de redoubler l'anxiété de M. Simon.

— Et... dites-moi, monsieur, reprit-il, est-il vrai qu'il y ait quelques panthères dans ce pays ?

— Des panthères ? répondit Marguerite. Oui, monsieur. Elles se tiennent là-bas, dans ces gorges. Mon frère en a tué une l'été dernier.

— Comment ! vous avez tué une panthère, monsieur ? s'écria le roumi en regardant Étienne avec admiration.

Étienne se contenta de répondre par une inclination de tête.

— Et... dites-moi encore, continua M. Simon, l'eau que l'on boit dans ce canton est donc malsaine?

— Malsaine! fit Marguerite avec surprise.

— L'eau malsaine! reprit Étienne.

Et tout à coup, la vérité lui sautant aux yeux comme un éclair, il forma le dessein de continuer la plaisanterie de Maumenèsche, dans l'espoir que la peur pourrait peut-être engager M. Simon à quitter le pays.

— Horriblement, monsieur! répondit-il en lançant un regard à sa sœur.

— Diable! je ne savais pas cela, moi! fit le roumi; et voilà qui modifie terriblement mes intentions; car enfin, dans de telles conditions d'insalubrité..., j'aurai bien de la peine à trouver des ouvriers qui consentent à s'installer ici avec moi.

— Vous pourriez prendre des Kabyles, dit Marguerite, qui n'entendait pas malice aux étranges allégations de son frère.

— Tous voleurs! s'écria Étienne.

Et il lui décocha un nouveau regard.

— M. Simon ne parlant plus, les jeunes gens prirent de l'avance, et le malheureux roumi, maintenant si bien disposé à croire toutes les bourdes qu'on pourrait lui dire, retomba dans les griffes de Maumenèsche.

Cependant le kebbir observait avec la plus grande attention les moindres choses qui se passaient autour de lui. A partir du moment où il s'était engagé avec ses amis sur le territoire des Beni-Haoua, il avait été frappé de l'absence d'êtres vivants qui faisait de cette côte découverte une vaste solitude. Le fauchage des foins était commencé, et, les meules n'étant pas formées, il eût suffi de quelques heures de pluie pour gâter toute la récolte. Dans cet état de choses, l'absence des faucheurs était inexplicable. Un autre fait éveilla des appréhensions dans l'esprit du kebbir : de temps à autre, ses yeux perçants avaient remarqué des têtes d'hommes cachés sous des buissons au bord de la route, et, chaque fois que la petite troupe avait dépassé d'une centaine de pas l'une de ces têtes, des cris retentissaient au loin, derrière elle, comme si les gens qui la guettaient avaient reçu mission de la signaler. Enfin, à mi chemin entre le bordje et le village, une dernière particularité non moins inquiétante se présenta. Là s'élevait un gourbi servant de poste aux Arabes pour surveiller la route. Une dizaine d'hommes, se relayant de semaine en semaine, devaient y demeurer jour et nuit; mais le kebbir eut beau appeler, personne ne lui répondit, et Maumenèsche, étant entré dans le gourbi, le trouva désert.

Le coureur profita naturellement de cette circonstance pour raviver les craintes de M. Simon. A l'entendre, de sinistres projets devaient couver dans l'ombre, et la nuit ne se passerait point sans événements.

Entre tous ceux qui composaient la petite troupe, les trois jeunes gens étaient les seuls qui ne semblassent pas se méfier du moindre danger. Ils cheminaient sur une même ligne, causant de choses et d'autres avec une apparente liberté d'esprit. Étienne, cependant, n'était pas sans inquiétude, mais il ne le laissait point paraître, et, frayant le chemin à ses compagnes, écartant les branches pour les faire passer, il se montrait enjoué et prévenant, comme s'il n'avait eu d'autre préoccupation que celle de les distraire.

Il arriva que, le sentier se resserrant tout à coup, Marguerite fut obligée de presser le pas de son mulet, et elle s'avança jusque auprès de son père.

Étienne et Noëmi demeurèrent donc en quelque sorte livrés à eux-mêmes, un intervalle de plus de vingt pas les séparant, d'un côté, de M. Simon, de l'autre, du kebbir et de Marguerite. C'était la première fois qu'Étienne se trouvait seul avec Noëmi, depuis que les révélations de la bohémienne lui avaient fait envisager sous un jour moins inquiétant la conduite de la jeune fille. Il se mit à la regarder de côté, et elle lui apparut comme une autre personne. Jusqu'alors, il s'était vainement demandé par quel motif elle affectait avec lui une réserve inconciliable avec les plus faibles sentiments de gratitude ; mais maintenant il se croyait en droit d'espérer qu'il parviendrait à toucher son cœur. Tesâdit, faisant allusion aux sentiments cachés de Noëmi, lui avait donné à entendre que la cause de son apparente insensibilité provenait moins d'elle-même que de son père. C'était ainsi, du moins, qu'Étienne avait interprété les dernières paroles de la bohémienne. Il pensait que le capitaine Thierry voulait ne jamais marier sa fille, et que celle-ci se soumettait à sa volonté, tout en la déplorant en secret. Cette découverte ne fit qu'augmenter l'ardente sympathie que Noëmi lui avait inspirée dès le premier jour, et, comptant sur les événements qui se préparaient pour vaincre l'abusive résolution du capitaine, Étienne, pour la première fois depuis cinq mois, regardait la jeune fille avec au moins autant d'espoir que d'amour.

Les impressions de Noëmi étaient différentes et provenaient également des pronostics de Tesâdit. La bohémienne ne lui avait rien appris qui l'étonnât en lui disant qu'elle était aimée. Noëmi n'aurait pas été femme si les regards d'Étienne ne le lui avaient déjà fait comprendre. Malheureusement, elle ne faisait que peu de cas des conseils de Tesâdit. Elle croyait connaître son père; elle pensait que, par affection pour elle, il ne s'opposerait point à son mariage, mais qu'il en souffrirait cruellement, et que si, comme il était facile de le prévoir, les circonstances les séparaient alors l'un de l'autre, il ne pourrait jamais supporter un isolement que ses chagrins secrets rendraient plus pénible. Dans la pensée de cette enfant naïvement impersonnelle, abandonner son père à lui-même, c'était le condamner au désespoir d'une vieillesse anticipée. Les conseils de la bohémienne n'avaient donc rien modifié dans sa généreuse détermination, et, avec une patience que ne donne pas toujours la religion du sacrifice, elle était résolue à attendre que les circonstances lui permissent de s'éloigner d'une contrée où l'image d'un bonheur possible avait eu pour seul résultat de lui causer une profonde douleur.

Cependant, si elle s'était armée de façon à supporter stoïquement une souffrance personnelle, elle ne songeait même pas qu'elle pouvait faire souffrir celui qu'elle aimait. Résignée à ne jamais lui appartenir, elle voulait le savoir heureux, et la pensée qu'une autre, un jour, la remplacerait dans son cœur, lui causait une sorte d'amer bonheur, comparable à la sensation qu'on éprouve auprès d'un agonisant que la mort va subitement délivrer des tortures d'une longue maladie. Le peu d'expérience qu'elle possédait lui conseillait — étant obligée de choisir entre deux personnes aimées — de se dévouer exclusivement à la plus à plaindre. Étienne, jeune, si bien doué, entouré d'une famille qui l'idolâtrait, ne pouvait manquer de trouver des consolations, des compensations même qui lui feraient bien vite oublier l'ingrate Noëmi. C'est ainsi que, avec un touchant esprit de renoncement, elle espérait acquitter sa dette filiale en concentrant sur elle seule tous les chagrins que comportait une telle situation. L'unique chose à laquelle elle ne pensait pas, c'est qu'Étienne pût éprouver une passion assez forte pour que nulle compensation ne lui parût acceptable, et que, tout en se conduisant avec lui de façon à ne mériter aucun reproche, elle pouvait cependant lui causer une immense douleur. Mais le moment n'était pas encore arrivé où Étienne devait apporter ce nouveau tribut d'affliction dans l'existence déjà si attristée de Noëmi.

Il y avait quelques minutes qu'ils cheminaient en silence, et si près l'un de l'autre, que leurs vêtements se touchaient, lorsque Noëmi, se tournant du côté d'Étienne, rencontra ses yeux. Le regard du jeune homme était plein d'une telle passion, qu'il appela le rouge sur les joues de la fille du capitaine. Étienne ne vit pas cette preuve d'émotion sans plaisir ; mais, comme s'il ne l'eût pas remarquée, il prit un air indifférent pour lui demander ce qu'elle pensait des talents de la bohémienne.

Cette question n'eut d'autre effet que d'augmenter l'embarras de Noëmi.

— Elle ne m'a rien dit d'intéressant, balbutia-t-elle.

Et aussitôt, avec une ruse féminine, répondant à une question par une question :

— Mais, dites-moi, que vous a-t-elle appris, à vous ? reprit-elle.

— Elle m'a rendu bien heureux ! répondit Étienne.

Cette exclamation n'était pas faite pour diminuer le trouble de Noëmi : elle se demanda avec terreur si Tesâdit n'avait pas révélé ses sentiments au fils du kebbir. Cette idée lui causa une telle angoisse, qu'elle eut à peine la force de le prier de s'expliquer.

— Il est une personne que j'aime et que je respecte à l'égal de mon père et de ma mère..., fit Étienne avec émotion.

— C'est votre sœur ? interrompit Noëmi en se détournant comme si elle avait voulu rectifier les plis de son voile.

Elle ne songeait, en réalité, qu'à dissimuler sa rougeur.

Étienne réfléchit un peu, rougit aussi, et répondit enfin :

— Non, ce n'est pas ma sœur.

Puis il reprit :

— Cette personne s'est toujours montrée circonspecte avec moi. Jamais, par un regard ni par un mot, elle ne m'a témoigné le plus faible intérêt ; je pensais qu'elle me haïssait, et, comme je n'ai rien fait, que je sache, qui pût motiver sa haine, je me sentais très-malheureux.

Ici, il s'arrêta. Noëmi avait un monde de choses à répondre, mais elle ne dit rien.

— Jugez de mon bonheur, ajouta Étienne, en apprenant que cette répulsion apparente provenait du sentiment le plus noble, le plus touchant.

— Vraiment ! fit Noëmi, que l'émotion étouffait.

Elle aurait volontiers donné la moitié de sa vie pour devenir sourde.

— Ce que je prenais pour de la répulsion, répondit Étienne, n'était qu'une pieuse déférence à la volonté d'un père. Celle que j'accusais dans mon cœur obéissait simplement à la piété filiale, et méritait ainsi, de ma part, une admiration plus grande encore.

Il la regardait avec douceur en parlant ainsi. Mais elle, l'âme bouleversée par la découverte d'une telle erreur, ne savait à quoi se résoudre. Se taire, n'était-ce pas l'autoriser à soupçonner son père d'une intention odieuse ? Confesser la vérité, n'était-ce pas, en quelque sorte, encourager Étienne à la divulguer ? Pourrait-elle l'empêcher d'intercéder auprès du capitaine pour vaincre la résolution qu'elle avait prise ? Que deviendrait alors cette résolution ? Son père n'hésiterait pas à la désavouer. Ce serait lui qui voudrait se sacrifier à son enfant, et tous les maux qu'elle pensait avoir détournés de lui l'accableraient alors, sans qu'elle pût y porter remède.

Quelques secondes suffirent à Noëmi pour peser les périls d'une telle situation. Elle releva les yeux, et, dominant son embarras, son émotion, et jusqu'au sentiment de pudeur qui la troublait au moment de répondre, même par un refus, à un aveu d'amour, d'une voix tremblante, elle dit :

— Je ne sais, monsieur Étienne, ce que cette bohémienne a pu vous apprendre, ni ce que vous penserez de moi quand je vous aurai dit la vérité. Je parlerai cependant, car je serais coupable de feindre, et je veux que vous ne conserviez aucun doute sur mes sentiments. C'est de vous et de moi qu'il s'agit ici : quoique vous n'ayez nommé personne, il ne m'a pas été difficile de le comprendre. Vous attribuez à mon père des intentions qui n'ont jamais été les siennes. Bien loin de m'empêcher de me marier,

il serait le premier à me conseiller de choisir un
époux, s'il ne savait qu'il y a chez moi une détermination toute contraire. Croyez-le bien, reprit-
elle avec abandon, je ne suis ni ingrate ni indiffé-
rente, et le ciel m'est témoin que je n'ai jamais eu
de répulsion pour vous. Je sais que je vous dois la
vie ; je me répète chaque jour que vous ne me
l'avez conservée qu'en exposant noblement la vôtre.
J'ai pour vous l'affection d'une sœur, et, s'il me
fallait subir la plus grande douleur pour vous rendre heureux, ah ! soyez-en certain, j'y consentirais
volontiers. Je n'ai pu, depuis près de cinq mois,
habiter auprès de vous sans distinguer les qualités
qui font de vous un homme accompli ; vos parents
me sont chers comme s'ils étaient les miens ; mais
je ne puis être pour eux et pour vous qu'une amie
sincère. Je sens que je dois vous faire de la peine
en parlant ainsi, reprit-elle avec un involontaire
accent de tendresse ; mais, hélas ! j'y suis obligée,
pour ne pas vous laisser un espoir qui, devant être
un jour démenti, vous causerait une peine plus
grande encore. Vous êtes homme ; de bonne heure,
l'exemple de votre père vous a appris à vous vaincre ;
il ne vous sera que trop facile de rencontrer une

femme plus digne que moi de posséder votre affection ; abandonnez donc un dessein dont je vous serai toujours reconnaissante, mais auquel je ne puis souscrire. Et surtout ne supposez pas qu'une inclination antérieure me fait repousser la vôtre. Aussi vrai que Dieu nous entend, avant de vous connaître, je n'avais ressenti d'inclination pour personne, et si, ce qui n'est malheureusement pas possible, je pouvais revenir sur ma décision, ce serait vous que je choisirais pour époux.

La foudre éclatant dans un ciel sans nuages et tombant aux pieds d'Étienne lui eût causé une stupéfaction moins grande. Il ne pouvait douter de la sincérité de Noëmi. L'assurance avec laquelle elle s'était exprimée, la tendresse que ses yeux et le tremblement de sa voix lui avaient montrée, l'empêchaient de la supposer capable d'un manque de franchise. Mais sa détermination était inexplicable. Par quel motif une jeune fille libre de disposer de son cœur et de sa main renonçait-elle au mariage ? Il la regardait avec une sorte d'épouvante, et c'est à peine si, après quelques secondes de stupeur, il put balbutier le mot suprême de la situation :

— Pourquoi ?

Mais, à ce mot, les sourcils de Noëmi se contractèrent légèrement, comme si cette question l'embarrassait. Cependant elle se hâta de répondre :

— Aucune cause particulière ne m'a déterminée. Dussé-je vous sembler une personne fantasque, je vous dirai simplement que je ne me sens pas faite pour le mariage. Je me suis maintes fois interrogée, m'opposant à moi-même tous les arguments que vous êtes impatient de me faire entendre, et, de ces vains débats de mon cœur et de mon esprit, il n'est rien résulté, sinon que mon désir immuable est de rester fille. Je vous en prie, se hâta-t-elle d'ajouter, lui voyant à son tour froncer les sourcils, ne croyez pas que je me serve ici des artifices de la coquetterie pour vous attacher à moi davantage. Dans notre situation respective, un tel calcul de ma part serait indigne. Je vous l'atteste, monsieur Étienne, je n'ai pas de coquetterie. Ne voyez donc en moi qu'une personne sincère et malheureuse de ne pouvoir donner autant qu'on lui offre. Supposez, si vous le voulez, que je suis imparfaite, qu'une faculté me manque : la plus douce, la plus enviable de toutes celles qui peuvent consoler l'humanité ; mais ne me soupçonnez pas de calcul. En serais-je capable, il n'en peut exister jamais entre vous et moi.

Elle se tut. Quant à lui, il n'était que plus stupéfait et plus navré de sa bonne foi. Que faire contre un tel malheur ? Une femme aimée qui vous préfère un rival, on peut la détester, mais elle reste femme à vos yeux. Si l'on s'était déclaré plus tôt, si le hasard n'avait placé entre elle et vous un autre homme, on se dit qu'on eût pu la toucher peut-être. Mais celle qui n'a rien de son sexe ; celle qui, créée pour se dévouer, pour consoler, pour opposer son affection aux maux de la vie, et qui, ne tenant rien de ce qu'elle promet, ment à sa condition, n'a-t-elle pas quelque chose d'antihumain ? Quand elle est jeune et belle ; surtout, quand par un monstrueux caprice du cœur, muette pour l'amour, elle se montre éloquente pour l'amitié, elle vous apparaît comme une aberration de la nature, et l'on ne sait ce qu'on doit éprouver pour elle, de la terreur ou de la pitié.

C'est là ce que disait Étienne. Et elle, qui devinait sa pensée, endurait une profonde douleur. Méconnue par un effet de sa volonté, elle devait s'estimer heureuse de voir celui qu'elle aimait la juger si mal.

Mais, comme ces martyrs qui puisaient des voluptés inouïes dans l'excès de leurs tortures, pendant qu'Étienne l'accusait, elle bénissait Dieu qui lui permettait de se sacrifier pour son père.

Cependant elle n'avait pas tout dit. Se tournant donc vers lui, après quelques secondes employées à calmer son cœur, elle reprit la parole de la même voix tremblante :

— Vous me rendrez cette justice, monsieur Étienne, que j'ai fait tout ce que j'ai pu pour éviter une si cruelle explication. Je me devais cependant à moi-même, et surtout je vous devais à vous qui n'avez que trop fait pour moi ! de saisir l'occasion qui se présentait. Si, dès le premier jour, j'avais pu vous dire : « Ne tournez pas les yeux de mon côté, car vous ne trouverez en moi rien de ce que vous êtes en droit d'espérer ; car, malheureuse que je suis ! je n'ai rien que les dehors de mon sexe, je l'aurais fait avec bonheur. » Mais qu'auriez-vous pensé d'une telle confession ? Il me fallait attendre, pour parler, un aveu que je redoutais. Cet aveu, je ne vous ai même pas laissé le temps de l'achever ; je vous ai interrompu dès les premiers mots, tant j'avais hâte de vous avertir que je ne méritais pas d'être l'objet de votre tendresse. Maintenant, monsieur Étienne, permettez-moi d'oublier ma dureté involontaire pour réclamer de vous un service. Que tout ce que je vous ai dit demeure entre nous. Si vous prenez quelque souci de mon repos, ne confiez à personne le penchant que je fus assez malheureuse pour vous inspirer, ni le profond regret que je ressens de ne pouvoir y répondre. Ne dites ce qui s'est passé entre nous ni à vos parents ni même à mon père. Vos parents me jugeraient défavorablement ; mon père ne pourrait que s'affliger de ma conduite ; il n'en comprendrait pas les vrais motifs, comme vous l'avez fait, monsieur Étienne, et je veux, à tout prix, lui épargner le moindre chagrin. Depuis la mort de ma mère et de mes deux frères, mon père n'a plus que moi pour le consoler, je ne dois jamais l'oublier. Je vous en prie, rappelez-vous-le comme moi ; et, puisque vous m'aimez, aidez-moi dans la pieuse tâche que je dois remplir.

Elle s'arrêta, car, en dépit de la mesure qu'elle s'efforçait de mettre dans ses paroles, les larmes lui montaient aux yeux et le cri de la vérité allait jaillir de sa bouche. Pour un autre plus maître de lui, elle n'en aurait que trop dit ; mais Étienne n'était pas capable de démêler sa pensée secrète. Il ne répondit rien. Il ne la voyait plus. Un nuage était devant ses yeux, et il se laissait aller machinalement sur son cheval, dans un désordre intellectuel qui ressemblait aux hallucinations de la fièvre. Cependant, comme il relevait la tête pour lui promettre le secret demandé, il vit qu'elle n'était plus auprès de lui. Son père et Marguerite venaient de déboucher sur un plateau qui dominait la vallée du Montararach, Noëmi les avait rejoints, et tous les trois s'avançaient de front vers le village.

En une seconde il les rejoignit, et Marguerite, l'interpellant aussitôt, acheva de le rappeler à lui-même. Depuis l'instant où elle avait assisté à la discussion de son frère et de M. Simon, Marguerite était demeurée pensive. Un mot prononcé par Étienne l'avait troublée et elle cherchait vainement la raison de ce mot. Quand elle le vit s'avancer, elle pensa qu'il ne refuserait pas de le lui expliquer, et, se tournant vers lui :

— Étienne, lui dit-elle, pourquoi donc as-tu dit à M. Simon que les Kabyles sont tous des voleurs (1)?

(1) Les Kabyles, dit le général Daumas, ne volent que leurs ennemis. Dans ce cas, le vol est un acte digne d'éloges; autrement, l'opinion le flétrit.

A cette question, le kebbir regarda fixement son fils, et Étienne, malgré ses douloureuses préoccupations, ne put s'empêcher de sourire.

— J'ai fait le mal pour obtenir le bien, répondit-il. J'ai calomnié les Kabyles, dans l'espoir que mon mensonge pourrait éloigner d'ici un homme dont la seule présence peut causer la ruine de deu cents familles.

A ces mots, les yeux bleus de Marguerite prirent une expression d'étonnement, et, relevant la tête :

— Étienne, lui dit-elle d'un air de reproche, on ne doit jamais faire le mal, même pour obtenir le bien ; car le mal est toujours un mauvais exemple. Si tu ne peux arriver au bien que par le mal, ne fais plutôt pas le bien !

Tous les yeux se tournèrent vers l'étrange fille. Noëmi était devenue toute pâle, rapprochant ce principe sévère de la conduite qu'elle venait de tenir. Le kebbir regardait Marguerite avec une bienveillante émotion.

— Ma chère enfant, lui dit-il après un moment d'hésitation, quand tu auras plus d'expérience, tu sauras que, même dans les questions de morale, il n'y a rien d'absolu sur cette terre. Nous devons tous nous rapprocher le plus possible de la perfection, sans toutefois nous désespérer de ne pouvoir nous élever jusqu'à elle. « Ne soyons pas plus sages qu'il ne faut, » a dit un sage. Hélas! la perfection n'est pas faite pour nous! Nous ne méritons pas d'y atteindre. Nos besoins, à défaut de nos intérêts, de nos erreurs et de nos passions, nous condamnent au mal, et c'est en cela que nous sommes une race inférieure, peut-être déchue. L'existence des êtres les plus forts dépend de la mort des plus faibles. Partout les grands poursuivent les petits pour se repaître de leur corps. L'homme n'a pas plus échappé à cette loi de sang que les animaux. Il ne peut se mouvoir et se nourrir qu'en détruisant des créatures. A chaque pas que nous faisons, nous en écrasons sous nos pieds. L'eau que nous buvons en est pleine, et le moindre de nos soupirs en bouleverse des milliers dans l'air. Je suis bien loin d'excuser ton frère, qui, sans réflexion, a diffamé un peuple, quoiqu'il l'ait fait dans le dessein de servir une tribu; je t'abandonne ton frère, et, si j'ai cru devoir m'interposer dans votre discussion, c'était bien moins pour le défendre que pour combattre l'inflexibilité de ta doctrine. Crois-moi, ma douce Marguerite : ce qu'il faut examiner, avant tout, dans les choses humaines, c'est la sainteté du but. Quand l'intention est bonne, quand elle mène au bien, surtout et expressément, quand elle ne peut nuire à autrui, nous devons la suivre. On arriverait à favoriser le mal, si, comme toi, par un excès d'amour pour le bien, on ne voulait jamais s'en servir. Laisse donc cette rigidité de principes, qui ne provient chez toi que de ton ingénuité, ne donne pas à mes paroles plus d'extension que je ne veux leur en donner moi-même, et, tout en continuant à te rapprocher de la perfection, ne te désole point de ne la pas rencontrer dans ce monde. Si la perfection réside quelque part, ce n'est point sur le globe que nous habitons. Ta mère, si elle était là, te dirait qu'il la faut chercher dans le ciel.

Marguerite écoutait son père avec tristesse. Mais Noëmi le regardait avec reconnaissance. Elle avait éprouvé un immense soulagement à l'entendre. Elle sentait que celui-là était véritablement supérieur qui tenait compte dans ses jugements de l'infirmité humaine, et, comme Dieu, pardonnait au mal, à cause même de l'incommensurable idée qu'il avait du bien.

XII

LES PIONNIERS.

L'emplacement du village se trouvant sur la rive gauche du Montararach, il fallait traverser un gué, large d'environ cent mètres, pour y arriver. Le village s'élevait sur une butte naturelle en forme de quadrilatère, dont la face la plus étroite était tournée vers la mer, la plus longue, surplombant le lit desséché de la rivière de près de cinquante pieds. Un chemin en pente douce montait de la vallée jusqu'au pied de la butte, et, par un luxe de précautions que bien des gens déclaraient inutiles, on avait construit à grands frais sur tout le pourtour une muraille crénelée. Des tourelles se dressaient aux angles, des meurtrières étaient pratiquées dans le mur, l'unique porte qui donnât accès dans l'intérieur était protégée par une galerie couverte et deux épaulements de gazon. Ces ouvrages ayant exigé près de quatre mois de travail, la construction des habitations se trouvait un peu retardée. Pas une seule maison n'était terminée, et, sur une centaine qui devaient s'élever dans l'enceinte, il y en avait au moins trente qui sortaient à peine de terre. Deux rues qui se coupaient à angle droit partageaient ces maisons en quatre massifs, et les édifices publics étaient réunis autour de la petite place située au point de jonction de ces rues. La caserne s'élevait d'un côté, faisant face à l'hospice; de l'autre le bureau arabe servait de pendant au caravansérail. Au milieu de la place, on voyait un bassin entouré de jeunes plants de platanes; la chapelle en forme de chalet, surmontée d'un clocheton, se trouvait un peu reculée du côté de la mer, et tous ces édifices étaient d'une simplicité extrême. On les eût volontiers pris pour des bicoques, si de grandes lettres noires peintes au-dessus des portes n'avaient révélé au public leurs diverses destinations.

Ce qu'il y avait de plus caractérisque dans l'ensemble de ce village à peine ébauché, c'était son apparence vulgaire. Les grandes lignes du paysage africain qui l'enfermait lui donnaient quelque chose de pauvre et de chétif. Les monts fauves qui s'en allaient vers l'ouest derrière lui, avec des attitudes grandioses ; les sommets bleus de l'extrême horizon, étagés au-dessus ; la végétation puissante des bois montant le long des pentes et s'entassant dans les ravins, tout, jusqu'à la pureté de l'air et du ciel, se réunissait pour l'accabler dans sa petitesse. La couleur y manquait aussi bien que le contour. Il détonnait dans cette nature. On ne pouvait le regarder de loin, et l'embrasser dans son ensemble, sans éprouver un sentiment de gêne et de malaise.

En attendant que leurs maisons fussent achevées, les colons campaient au milieu des rues et sur la place. Les uns logeaient, comme les soldats, sous des tentes ; les autres, comme les officiers, se réfugiaient pour passer la nuit sous des baraques. Des matériaux de toute sorte : bois de charpente, pierres taillées, briques, moellons, barils de plâtre et de chaux, sable, ferraille, étaient partout amoncelés. La chapelle, pour le moment, servait d'écurie aux chevaux et aux mulets de la petite garnison ; le caravansérail remplissait l'office de parc à bestiaux.

Des cabarets, portant une branche de pin pour enseigne, se retrouvaient à chaque pas, avec des cuisines en plein vent. Rien n'était terminé. La route qui devait réunir Cherchell à Ténez, à peine ouverte, avait été défoncée par les charrois, et elle apparaissait, de loin, comme un long cloaque où se débattaient les hommes et les bêtes de trait. Enfin, toute la banlieue présentait le même aspect de travaux inachevés. Des percées s'effectuaient sur les flancs des montagnes par de larges abatis d'arbres et de broussailles; le sol, en maint endroit, était bouleversé par la pioche et déchiré par la charrue; des jardins maraîchers commençaient à verdir dans les fonds humides; ici, on empilait des bois coupés; là, on brûlait de mauvaises herbes; des charrettes chargées de meubles grossiers et convoyés par des colons récemment arrivés de France et des îles Baléares, se mouvaient pesamment vers des enclos où s'élevaient des crèches et des appentis de branchages, en attendant qu'on eût le temps d'y bâtir des fermes; des femmes et des enfants les accompagnaient, poussant devant eux des troupeaux de vaches et de moutons, et les Arabes, accroupis à l'ombre des chênes, assistaient silencieusement à cette invasion d'étrangers, échangeant parfois un regard quand ces derniers les interpellaient en passant, s'étonnant naïvement de leur inaction et les traitant de paresseux, parce qu'ils ne venaient point les aider à pousser les roues de leurs charrettes.

Au moment de l'arrivée du kebbir et de sa suite, il y avait dans tout le village un va-et-vient de gens et de bêtes qui rappelait assez fidèlement l'animation incohérente des fourmilières. Quoique ce jour fût un dimanche, personne ne demeurait inactif : les soldats creusaient, piochaient, transportaient les briques et les pierres ; les ouvriers bâtissaient ; les femmes attisaient le feu des fourneaux de cuisine, puisaient de l'eau à la fontaine ou couraient après leurs enfants. Les bêtes de somme tiraient des fardeaux ; les cabaretiers s'agitaient pour servir leurs pratiques ; des juifs pâles et sales, coiffés du turban et traînant leurs savates dans la boue, attiraient les passants vers leurs échoppes et leur proposaient des marchés que ceux-ci n'acceptaient qu'en maudissant la nécessité, car l'usure des juifs d'Algérie a toujours été excessive. On voyait à la porte des cabarets des hommes coiffés du chapeau français et vêtus de quelque mauvaise redingote rapiécée, se hâter d'avaler un verre d'absinthe ou de vermuth, puis allumer leur pipe, et, jetant une lourde cognée sur leur épaule, se diriger vers la forêt. Des familles d'Allemands au teint hâve, à l'air résigné, pauvres gens que la misère avait chassés de leur pays et qui venaient la retrouver dans une contrée où la chaleur la rend plus pesante, offraient de se louer au premier venu, et montraient leurs bras musculeux, ne pouvant se faire mieux comprendre. Des Espagnols de Mahon, debout contre les murs, avec des bottes de légumes à leurs pieds, attendaient des chalands qui ne venaient guère ; des négresses accroupies à terre, mornes comme des statues, vendaient de petites galettes ; des Maltais partaient pour la pêche, bousculant les passants et trébuchant sous le poids de leurs avirons et de leurs filets ; des Provençaux péroraient avec de grands gestes ; et le bruit des marteaux et des scies, les cris, les hennissements, les abois des chiens, produisaient un vacarme assourdissant, qui faisait de cet embryon de bourgade une sorte de tour de Babel en miniature.

Les voyageurs eurent à peine franchi le seuil de la porte, qu'ils furent obligés de s'arrêter, le chemin se trouvant barré par un groupe d'ouvriers au milieu desquels deux hommes échangeaient des injures et des menaces. Le kebbir ne vit pas sans contrariété que l'un des auteurs du conflit était un Kabyle et l'autre un Français, et qu'ils semblaient animés tous deux d'une violence extraordinaire.

— Chien! voleur! glapissait le Français avec cet accent bien connu qui n'appartient qu'aux enfants de Marseille; ne t'ai-je pas loué? Et, si je t'ai loué, pourquoi ne veux-tu pas travailler?

— Ben-Zeddam ne s'est loué que pour un mois! répondait le Kabyle avec hauteur. Le mois est expiré. Il faut qu'il aille faire sa moisson. Paye-le.

— Tu n'as pas de moisson à faire. Je ne te payerai pas si tu t'en vas.

— Ben-Zeddam ira se plaindre au bureau arabe.

— Vas-y, païen! Et, tiens! profite de l'occasion pour te plaindre aussi de cela!

Disant ces mots, le Marseillais, fou de colère — c'était un petit homme trapu, aux yeux sanglants — leva le bras et assena un coup de bâton sur le dos du Kabyle.

Le Kabyle était grand et fort. Avec sa barbe rouge et son teint blanc, on l'aurait pris pour un Européen, si sa robe de laine et son tablier de cuir ne l'avaient fait reconnaître pour un descendant des Berbères. Quand il sentit le bois le frapper, il fit un saut de côté et fouilla précipitamment sa poitrine pour y prendre son couteau. Tous les spectateurs s'étaient écartés, et une grande place vide s'était faite autour des deux hommes. Mais, au moment où le Kabyle s'élançait, le fer à la main, sur le Marseillais qui l'attendait, le bâton levé, Maumenèsche fendit la foule, arracha le couteau des doigts de son compatriote, et, lui présentant son bâton :

— Armes égales ! s'écria-t-il.

Ben-Zeddam, se voyant arracher son couteau, avait poussé un cri de rage. Mais, quand il eut le bâton entre les mains, il se mit à exécuter un si terrible moulinet, que le Marseillais battit en retraite. Cependant quelques soldats s'étaient précipités entre les furieux. Quand il vit qu'il ne pourrait joindre son ennemi, le Kabyle laissa tomber son arme à ses pieds ; puis, avant que personne eût l'idée de le retenir, il s'élança sous la porte avec un regard de menace, et, quelques secondes plus tard, on le vit se diriger à grands pas vers la montagne.

— Je ne donnerais pas six sous de votre peau, monsieur, dit le sergent Brémont au Marseillais.

L'Arabe, à la rigueur, peut tolérer les coups de ses coreligionnaires ; mais le Kabyle n'endure d'affronts de personne !

— Allons ! la paix ! la paix ! s'écria M. Simon en s'avançant dans le cercle. Les Arabes et les Français ne sont-ils pas frères ? N'est-ce pas aux vainqueurs à se montrer généreux envers les vaincus ?

La peur, comme on le voit, avait rectifié le jugement de M. Simon. Mais, personne ne le connaissant dans le village, chacun lui tourna le dos sans même daigner lui répondre. Cependant le kebbir et ses amis, étant parvenus à se dégager de la foule, s'étaient avancés jusqu'à la porte du bureau arabe, où se tenait assis le capitaine Thierry donnant des instructions à son lieutenant.

Ce lieutenant était tout jeune, élégant, musqué, et ses manières de dandy formaient un contraste frappant avec celles, presque austères, de son supérieur.

— Voici mademoiselle votre fille qui se dirige de ce côté, mon capitaine, dit-il en souriant et saluant de loin la jeune fille.

— Quels rapports voyez-vous, monsieur, entre ma fille et l'ordre de faire déblayer cette place, que je vous donne ? demanda M. Thierry.

— Aucun, mon capitaine; mais je pensais vous faire plaisir.

Le lieutenant, saluant alors de nouveau, se retira pour obéir à l'ordre donné, et la petite troupe mit pied à terre au seuil du bureau arabe.

Depuis la veille au soir, le capitaine Thierry se sentait souffrant. La chaleur, les ennuis de toute nature qu'il éprouvait dans son campement, la fatigue, quelques écarts de régime qu'il avait faits, buvant de l'eau outre mesure et mangeant des fruits, avaient déterminé chez lui une excessive lassitude, accompagnée de frissons; mais il n'en demeurait pas moins à son poste. Seulement, comme ses jambes étaient devenues très-faibles, il n'avait pas bougé, depuis le matin, de la place d'où il pouvait embrasser l'ensemble des travaux. Ce fut en vain qu'il essaya de se lever pour aller au-devant de sa fille et de ses amis. On le vit chanceler, dans l'effort qu'il fit, puis il pâlit soudain, comme s'il allait défaillir, et retomba sur son siége. Toutes les personnes présentes l'entourèrent aussitôt, et Noëmi, lui serrant tendrement les mains, le supplia de se mettre au lit, ajoutant qu'elle resterait au camp pour le soigner, et priant le kebbir de joindre ses instances aux siennes. Mais le capitaine ne voulait pas entendre parler de se retirer, et il fallut que le kebbir employât tout l'ascendant qu'il avait sur lui pour le déterminer à se rendre aux prières de la jeune fille.

— Vous savez que je suis un peu médecin, lui dit-il. En l'absence de votre major, que je n'aperçois pas ici...

— Le major est allé herboriser dans la montagne avec le curé, interrompit le capitaine. Ils reviendront pour le dîner.

— Eh bien, continua le kebbir, je vous conseille de remettre le commandement à votre lieutenant, et puis de vous coucher et de ne songer qu'à dormir.

— Je vous assure que je n'ai rien, répondit le capitaine d'une voix éteinte, et cet accès de fatigue passera tout seul.

— Et moi, reprit le kebbir, je vous assure que, si vous ne faites pas ce que je vous dis, ce prétendu accès de fatigue, qui n'est rien qu'un retour de vos anciens accès de fièvre, vous retiendra au lit pendant six mois.

Force fut au capitaine de se soumettre. Déjà le grelottement l'avait saisi. On appela Faitha, qui était en train de se réjouir avec sa nièce, le brave homme ne l'ayant pas vue depuis plus de quinze jours. Faitha souleva son maître dans ses bras, l'emmena, le déshabilla; puis Noëmi, prenant rapidement congé de ses hôtes, s'installa auprès de son lit. Maumenèsche, sur l'ordre du kebbir, était déjà parti pour se mettre à la recherche du major, et le kebbir était allé conférer avec le lieutenant. Marguerite demeura donc seule, assise au seuil du bureau arabe, avec son frère et M. Simon.

— Monsieur Marcel, dit le kebbir au lieutenant, après avoir fait un tour de promenade avec lui entre les arbres de la place, je crois me rappeler que vous êtes nouveau venu en Afrique.

— Je n'y suis que depuis six mois, mon colonel, répondit le lieutenant.

— Eh bien, reprit le kebbir, voulez-vous me permettre, à moi qui ai passé plus de vingt années dans le pays, de vous offrir quelques conseils ?

— Mais comment donc ! mon colonel, fit le lieutenant en saluant, je m'estimerai trop heureux de vous entendre.

— Vous voilà devenu momentanément commandant de cercle, dit alors le kebbir, et l'indisposition de votre capitaine, qui, je l'espère, n'aura pas de suites, fait cependant peser sur vous une grande responsabilité. Je ne vous cacherai point qu'il se prépare ici des événements qui pourront vous mettre bientôt à une rude épreuve ; mais ils ne nuiront pas à votre avancement si, comme je l'espère, vous suivez moins les inspirations de votre courage que celles de la prudence.

— Mon colonel, s'écria le jeune officier dressant l'oreille au mot d'*avancement*, je m'en rapporte absolument à votre expérience.

— Bien ! reprit le kebbir. Maintenant, écoutez mon raisonnement. Vous n'êtes pas sans ignorer qu'il est question de déplacer la tribu des Beni-Haoua, et de vendre ou de répartir leurs terres entre les colons?

— En effet, mon colonel. Je crois avoir entendu parler de cela.

— Les Beni-Haoua, selon moi, ne se laisseront pas déplacer sans protester, et quelque émotion peut éclater chez eux avant qu'on ait le temps de la prévenir.

— Quoi ! vous pensez ?... fit le lieutenant en se caressant la moustache avec un air qui n'avait rien de pacifique.

— Je pense, monsieur Marcel, reprit le kebbir, que la moindre provocation suffirait aujourd'hui pour mettre le feu aux poudres. Or, tout à l'heure, il s'est passé ici un fait qui pourrait jouer le rôle de l'étincelle dans un incendie.

— Je sais de quoi vous voulez parler, dit le lieutenant, et j'ai déjà donné des ordres pour que le pauvre Ben-Zeddam fût désintéressé.

— Comment le désintéressera-t-on des coups reçus? demanda le kebbir. Écoutez, reprit-il profitant de l'embarras de l'officier. Il y a une balancelle dans le port. Faites partir ce Marseillais. Embarquez-le cette nuit pour Alger. Le Kabyle n'ira probablement pas le chercher jusque-là.

— Ce sera fait, mon colonel.

— Bien! De plus, envoyez vos spahis prévenir les colons campés aux environs du village que, chaque soir, à l'heure où les clairons sonnent la retraite, ils devront se retirer avec leurs bestiaux dans l'enceinte des murs.

— Ils n'y voudront jamais consentir, dit le lieutenant.

— Vous les y forcerez, reprit le kebbir.

— Très-bien, mon colonel ! je les y forcerai, dit le lieutenant.

— Ce n'est pas tout, monsieur Marcel, dit alors le kebbir, et maintenant, je vais faire appel à vos sentiments d'humanité.

— Je vous écoute, mon colonel.

— Vous comprenez, reprit le kebbir, qu'il n'y aurait rien de plus facile que de sonner l'alarme à Alger, et qu'il ne s'écoulerait pas deux jours sans que vous fussiez encombré de renforts. On sévirait contre les Beni-Haoua avant qu'ils eussent songé à brûler une amorce. Peut-être, alors, résisteraient-ils. Il y aurait du sang versé, des gens emprisonnés, des propriétés confisquées, et, comme l'autorité militaire ne manque pas d'ennemis toujours prêts à dénaturer ses plus louables intentions, on ne se priverait pas de dire qu'elle a fait naître une révolte à dessein, pour se donner le facile mérite de la vaincre.

— Évidemment ! fit le lieutenant.

— Eh bien, continua le kebbir, il ne faut pas que cela soit. Les Beni-Haoua ne bougeront point si on me laisse le temps de m'interposer entre eux et l'autorité, qui, selon moi, dans cette affaire, a agi avec une précipitation regrettable. Maintenant, si je vous engage à veiller de près sur vos colons, c'est que, en dehors de l'intérêt que je leur porte, je ne voudrais pas que le moindre dissentiment éclatât, en de telles circonstances, entre eux et les Arabes. Nous avons malheureusement quelque chose de plus sérieux à craindre que le mécontentement des Beni-Haoua. Une bande de coupeurs de route a dû partir du Dahra, avec l'intention de tenter quelque mauvais coup dans nos environs. Gardez-vous donc. Vous êtes en force, et ils ne viendront pas vous attaquer derrière vos murs.

— Mais il n'y a que votre établissement et le nôtre sur cette côte, dit le lieutenant. Ne pouvant rien tenter contre nous, les pillards se rabattront sur votre demeure. Voulez-vous que je vous donne une vingtaine d'hommes pour vous défendre ?

— Non, merci, lieutenant. Je connais les soldats. Ils ne pourraient se contenir devant les Sbeah, et, je vous le répète, dans les circonstances actuelles, il suffirait d'une goutte de sang versé pour soulever peut-être la moitié de cette province. Si on me laisse faire et si vous suivez mes conseils, vos colons ne subiront aucun dommage, et les Beni-

Haoua seront maintenus dans leurs droits, ou les abandonneront librement.

— Bien! dit le lieutenant. Mais que ferez-vous contre les brigands ?

— Je leur opposerai les Beni-Haoua qu'on veut déposséder, je tirerai le bien de la crainte du mal, et prouverai à l'autorité que mes voisins sont dignes de sa bienveillance.

— Mon colonel, je vous admire ! s'écria le lieutenant. Ainsi, toutes choses réussissant au gré de vos désirs, il n'y aurait que ces bandits du Dahra de sacrifiés.

— Monsieur Marcel, reprit le kebbir, croyez-le bien : dans toute sorte d'entreprises, il n'y a jamais personne de sacrifié, quand je réussis.

Le lieutenant fit un mouvement. Mais, avant qu'il eût dit un mot, le sergent Brémont arriva avec un air affairé, et apprit au jeune officier qu'une vingtaine d'Arabes, employés aux travaux du camp, venaient de quitter le village.

— Faites courir après eux, dit le lieutenant, et qu'on les ramène ici de gré ou de force.

Le kebbir retint par le bras le sergent, qui pivotait déjà sur les talons pour exécuter l'ordre.

— Si vous m'en croyez, lieutenant, dit-il, vous ne ferez pas poursuivre ces hommes. Je vais me rendre au douar des Beni-Haoua et je saurai pour quel motif on leur a fait quitter les travaux. Ils ont dû recevoir quelque message. N'est-il pas vrai, sergent? reprit-il en se tournant vers le sous-officier, qui assistait à la discussion, la tête fixe et les yeux baissés, dans l'attitude réglementaire.

— Pas que je sache, mon colonel, répondit le sergent. Cependant, il y a environ une demi-heure, un de ces mendiants indigènes qu'on nomme un derviche est venu ici, demandant l'aumône, et on l'a vu recevoir des galettes de pain de nos Arabes.

— C'est cela! le derviche était envoyé par la tribu, reprit le kebbir. Et il a disparu sans doute?

— Oui, mon colonel.

Maumenèsche survint sur ces entrefaites avec le major et le curé, et la discussion fut interrompue. Le major était un jeune Alsacien à l'air doux, qui n'avait jamais connu d'autre passion que celle, bien innocente, de la botanique. La longue boîte d'étain qu'il portait en bandoulière était toute pleine de plantes, et il tenait à la main un énorme bouquet de fleurs. Quant au curé, il avait relevé les pans de sa soutane dans ses poches, afin de marcher plus à l'aise, et, comme le major, il portait une brassée de plantes sauvages.

— Que se passe-t-il donc, messieurs? demanda-t-il en suivant le lieutenant et le kebbir vers la maison où reposait le capitaine. Pendant que, le major et moi, nous herborisions le long du Montararach, nous avons vu quelques-uns de nos spahis se mettre à la recherche des colons qui coupent du bois dans la montagne, et, comme nous rentrions ici avec cet Arabe, un Kabyle est sorti d'un fourré, a jeté un mouchoir à nos pieds et s'est enfui sans rien dire, quoi que nous fissions pour le rappeler auprès de nous, qui sommes, par devoir et par état, des gens pacifiques.

Le kebbir s'était tourné vers Maumenèsche. Celui-ci lui remit un mouchoir de cotonnade, en prononçant ces mots :

— *El mezrag !*

Le kebbir poussa un soupir.

— Les Kabyles, dit-il à ses auditeurs, préviennent toujours leurs ennemis avant de commencer les hostilités, et, d'habitude, ils le font en leur envoyant un objet quelconque reçu d'eux préalablement comme gage de paix ou d'amitié, et qu'on appelle le mezrag. Le Kabyle que le major a rencontré doit être le même qui s'est pris de querelle avec le Marseillais. Ce dernier lui aura probablement donné son mouchoir au moment de l'employer comme ouvrier, et le Kabyle le lui renvoie pour l'avertir qu'il lui déclare la guerre. Croyez-moi, lieutenant, faites partir ce Marseillais; la bastonnade est une punition infamante aux yeux des Kabyles, et celui qui ne laverait pas un tel affront serait déshonoré dans sa tribu.

Le lieutenant s'éloigna pour suivre le conseil du kebbir, et le major entra, à la suite de ce dernier, dans la chambre du capitaine.

Ils trouvèrent le malade sommeillant et très-affaibli. Comme on ne pouvait lui administrer de remèdes pendant la durée de l'accès de fièvre, ils ne tardèrent pas à quitter la chambre pour le laisser reposer. Noëmi les avait suivis sur la pointe des pieds.

— N'ayez aucune inquiétude, mademoiselle, lui dit le major quand ils eurent rejoint Étienne, Marguerite et le curé sur le seuil de la porte; cet accès n'a rien de grave, et j'espère qu'il ne se renouvellera pas.

— Vous voyez que vous pouvez revenir au bordje avec nous, dit alors Marguerite à Noëmi.

— Non, non, fit celle-ci. Je resterai au camp avec Ourida jusqu'à ce que mon père soit hors de danger. Soyez donc assez bonne pour m'excuser auprès de votre mère.

Puis, l'attirant à part et l'embrassant, elle reprit :

— Ma chère, si vous voulez me faire grand plaisir, vous m'enverrez demain un peu de linge et quelques objets de toilette, car je puis être obligée de demeurer plusieurs jours ici.

— Très-volontiers, dit Marguerite. Voulez-vous que je charge Étienne de cette commission ?

— Non, non, fit Noëmi en rougissant. Je vous en prie, ne dérangez pas votre frère pour une telle chose.

Marguerite regarda son amie avec étonnement. Cependant les chevaux et les mulets avaient été amenés devant la porte, et M. Simon était en selle.

Les adieux furent alors échangés ; mais, au nouvel étonnement de Marguerite, Étienne ne serra pas la main de Noëmi et se contenta de lui adresser un salut poli, presque cérémonieux.

Le kebbir avait déjà pris congé du major et du curé.

— N'oubliez pas ma recommandation, dit-il au lieutenant.

— Soyez tranquille, mon colonel, répondit le jeune officier. Le Marseillais est à bord de la balancelle, et, quand vous entendrez sonner la retraite, vous pourrez être sûr que les colons sont rentrés.

A la porte du village, plus agité et plus bruyant qu'il ne l'avait été pendant la matinée, se tenait le sergent Brémont, appuyé sur une canne d'arpenteur. Il s'effaça devant le kebbir et lui fit le salut militaire.

— Mon brave, lui dit le kebbir, est-ce vous qui commanderez cette nuit le poste de garde ?

— Oui, mon colonel, répondit le sergent.

— Eh bien, tenez les yeux ouverts. Le Kabyle qui a reçu des coups de bâton essayera certainement de rentrer ici en passant par-dessus le mur ; ne lui faites pas de mal, mais tâchez de vous emparer de lui et ne le laissez point échapper.

— Vous pouvez vous en rapporter à moi, mon colonel, dit le sergent.

La petite troupe descendit alors le chemin en

pente qui conduisait au bord de la rivière. Quand elle eut traversé le gué, le kebbir se tourna vers son fils.

— Étienne, lui dit-il, tu vas retourner au bordje avec ta sœur, et tu préviendras ta mère que, M. Simon et moi, nous ne rentrerons pas pour dîner.

— Où donc dînerons-nous? demanda M. Simon.

— Chez le caïd des Beni-Haoua, monsieur, répondit le kebbir. Vous avez quelques préjugés au sujet des Arabes, et je veux profiter de l'occasion qui se présente pour vous les faire perdre.

— Mais il va nous couper le cou, votre caïd? s'écria piteusement M. Simon.

— Non, non, ne craignez rien, dit en souriant le kebbir. Le caïd est un homme trop bien élevé pour se permettre ce manque d'égards.

Saluant alors ses enfants, le kebbir remonta vers le sud avec son hôte et Maumenèsche, pendant que les jeunes gens s'éloignaient dans la direction de la côte.

Ils cheminèrent d'abord en silence. Étienne, depuis l'aveu que Noëmi lui avait fait, le jour même, n'avait pu vaincre sa tristesse, et Marguerite semblait préoccupée.

Quand ils eurent fait une centaine de pas, cependant, Marguerite, comme si elle avait pris une subite résolution, releva la tête, et, regardant son frère au visage :

— Étienne, lui dit-elle, qu'as-tu donc à reprocher à Noëmi ? Ce n'est pas bien à toi de prendre congé d'elle sans lui serrer la main, d'affecter de ne pas lui parler, comme tu le fais maintenant presque chaque jour, et surtout de la faire pleurer.

— Comment ! de la faire pleurer ? s'écria Étienne.

— Mais oui, dit Marguerite avec candeur, en faisant arrêter sa mule auprès de son frère. Il y a un mois environ, comme tu traversais le jardin, elle était assise à la fenêtre de sa chambre, et, moi qui venais d'y entrer, je me tenais derrière elle sans qu'elle le sût. Elle te suivait des yeux, je l'ai bien vu. Elle se penchait pour te voir plus longtemps encore, et des larmes coulaient sur ses joues.

Étienne, en entendant cela, fit un bond sur sa selle. Il regardait sa sœur avec un air d'emportement, comme s'il l'eût soupçonnée de se jouer de lui ; et enfin :

— Tu es bien sûre qu'elle pleurait ? lui demanda-t-il.

— Mais oui.

— Et c'était moi qu'elle regardait ainsi, en pleurant ?

— Sans doute.

— Et..., selon toi..., nulle autre personne que moi... qu'elle regardait, ne pouvait avoir fait couler ses larmes ?

— Qui oserait lui faire du chagrin à la maison? reprit Marguerite. A l'exception de toi, tout le monde ne l'aime-t-il pas ?

— Et tu es sûre qu'elle pleurait? répéta Étienne.

— Très-sûre ; et elle se penchait pour te regarder ; et elle avait les mains croisées comme on le fait pour prier Dieu.

Étienne se demandait s'il rêvait. Tout à coup, enflammé de joie, il releva la tête, et, comme son cheval se trouvait tout près de Marguerite, il enlaça la jeune fille par la ceinture, et, pleurant enfin, lui aussi, il appuya son front sur son épaule :

— Ah ! chère petite sœur, s'écria-t-il, comme tu viens de me rendre heureux !

XIII

LE DOUAR (1).

La tribu des Beni-Haoua est presque entièrement composée de marabouts, c'est-à-dire de personnages appartenant à la noblesse religieuse. Ils ne s'allient qu'entre eux, et l'influence qu'ils exercent sur leurs voisins est très-grande. On vient les consulter sur toute sorte de cas de conscience, on les prend pour arbitres dans les contestations de tribu à tribu, et, quoique renommés pour leur sainteté, les plus riches d'entre eux mènent une existence fastueuse. En 1860, il y avait déjà plus de quinze ans que le

(1) Fraction de tribu.

caïd Seddik avait été placé à leur tête. C'était un homme de mœurs très-pures, sérieux et bienveillant de caractère. Les six garçons qui étaient nés de ses buatre femmes avaient été élevés dans la crainte de Dieu, et, depuis qu'ils étaient parvenus à l'âge d'homme, ils secondaient leur père dans l'accomplissement de sa tâche politique et l'administration de sa fortune. Seddik ne se contentait pas de distribuer chaque année une part de ses récoltes entre les pauvres et les infirmes; il avait établi dans son douar une école de lettrés (1) où le Koran était enseigné aux enfants, ainsi que les principes du droit musulman, et il veillait lui-même à ce que nul ne causât de dommage à autrui, dans toute l'étendue du territoire confié à sa garde.

Le jour où le kebbir accompagna M. Simon dans sa visite au village du Montararach, le caïd fut averti de leur départ au moment où il allait présider une assemblée des cavaliers de sa tribu, provoquée par lui le matin même. Il était environ cinq heures quand l'assemblée se dispersa. Le caïd fit alors seller son cheval, et, disant à son fils aîné de le suivre avec une douzaine de serviteurs, il alla se poster

(1) Tholbas.

sur la limite de son territoire, attendant le kebbir au passage, pour lui offrir l'hospitalité.

Le kebbir cheminait depuis une demi-heure en compagnie de M. Simon, un peu préoccupé malgré lui des dispositions dans lesquelles il allait trouver les Beni-Haoua, lorsque, au détour d'un taillis, il aperçut la petite troupe des cavaliers qui stationnait au bord de la route. Ceux-ci, en le voyant, mirent immédiatement pied à terre, le saluèrent dans la forme traditionnelle, ainsi que son hôte ; puis, remontant à cheval, ils se groupèrent derrière eux. Les chevaux ayant repris le pas, M. Simon eut tout le loisir nécessaire pour observer les deux chefs, qui, sur l'invitation du kebbir, étaient venus se placer à sa droite. Jusqu'alors, le roumi n'avait rencontré que des indigènes de basse classe ; il ne se doutait donc même pas de la suprême distinction qui est comme la marque indélébile des Arabes de grande tente. Aussi les manières de Seddik et de son fils lui causèrent-elles un profond étonnement. Nulle figure ne pouvait mieux donner l'idée de la noblesse de l'âme que celle du caïd. Avec sa barbe grise et son teint hâlé, enveloppé de laine blanche du sommet de la tête à la pointe des pieds, l ressemblait à quelque patriarche biblique ; et sa gravité, son aisance, ajoutées à cet air de commandement qui brille sur le front des hommes de haute lignée, imposaient le respect à tous ceux sur lesquels il levait ses yeux noirs. Sa tenue était des plus simples, ses amples vêtements immaculés descendaient presque jusqu'à terre, et, de toute sa personne, on n'apercevait, à l'exception du visage, que le bout de ses bottes rouges et l'extrémité de sa main gauche qui tenait les brides. Le reste disparaissait sous son haïk et ses trois burnous. A demi affaissé dans une selle turque à broderies d'or, il se laissait bercer par sa jument à robe vermeille, et ses larges étriers damasquinés sonnaient à chaque pas de l'animal.

Son fils avait un air de distinction au moins égal, mais plus sévère. Le vaste burnous noir qui, rejeté sur son épaule, découvrait son haïk à bandes de soie, lui donnait je ne sais quelle apparence monacale en parfaite harmonie avec l'austérité de son visage. Il semblait avoir au plus vingt-cinq ans, et de grands plis rayaient son front sous sa haute coiffure entourée de cordelettes. Sa barbe noire était taillée en pointe, et il y avait dans ses yeux profonds comme un sentiment de hauteur mêlée de tristesse. Il montait une jument gris de pigeon (1) dont les harnais étaient brodés de soie et décorés de plaques d'argent, et, ayant accroché la bride à la corne de la haute selle, il roulait entre ses doigts, tout en cheminant, un chapelet de grains d'ambre jaune, et ses lèvres remuaient, comme s'il eût marmotté des prières.

Une particularité qui augmenta l'étonnement de M. Simon, c'est que les chefs portaient tous deux la croix d'honneur. Ce fait auquel le roumi était bien loin de s'attendre lui rendit une partie de la confiance qu'il avait perdue depuis son arrivée chez le kebbir.

La petite troupe s'était dirigée vers le sud, suivant une étroite vallée que dominaient des cimes rosées de montagnes. Le soir allongeait partout de grandes ombres, et la brise qui, en Afrique, suit docilement le cours du soleil, se mourait alors entre les taillis. Le peu de mots qu'échangeaient les Arabes et les deux Français ne roulaient que sur des choses insignifiantes, comme si, par suite d'un secret accord, chacun d'eux voulait éviter de faire allusion au sujet qui préoccupait sa pensée. Au moment où ils débouchaient de la vallée sur un plateau découvert, ils en-

(1) *Zereug el goumery.* C'est le gris foncé pommelé.

tendirent de loin les clairons du camp sonner la retraite. En même temps, se tournant sur la selle de son cheval, le kebbir aperçut la haute voile de la balancelle qui s'échappait du port, se découpant sur les flots bleus comme une aile d'oiseau gigantesque. Certain alors que ses conseils avaient été suivis, le kebbir éprouva un vif sentiment de satisfaction, et son visage se rasséréna comme s'il n'eût attaché que peu d'importance à la réserve des deux chefs.

Quant à M. Simon, il paraît qu'il était écrit que, ce jour-là, il marcherait de surprise en surprise. Il avait à peine eu le temps de se remettre de celle que lui avaient causée les grandes manières du caïd et de son fils, qu'un nouveau sujet d'étonnement l'assaillit. A cinquante pas devant lui, sur une immense place dénudée occupant le centre du plateau, près de cent tentes vastes et brunes, rayées de bandes claires, étaient disposées en cercle. Dans l'espace qui s'arrondissait au milieu d'elles, on voyait aller et venir de nombreux serviteurs, et, devant l'ouverture de chaque tente, des chevaux, couverts de housses brodées, étaient alignés au piquet. De longues fumées bleues montaient dans l'air et s'épanouissaient sur cet ensemble grandiose. Cependant les chiens avaient signalé les arrivants, et des têtes encapuchonnées se montraient, pour les regarder, sous les pans à demi relevés des maisons de poil (1). En même temps, des quatre points de l'horizon, de longues files de bestiaux qui revenaient des pâturages se dirigèrent vers le douar. D'un côté, couraient les moutons, pelotonnés par milliers et fuyant les chiens ; d'un autre, les chèvres noires et bêlantes ; d'un autre encore, les bœufs de la Kabylie, marchant lentement et disséminés ; les chameaux au pas magistral, arrivant du côté du sud, pénétraient déjà dans le cercle. Des nappes de poussière s'élevaient sous les pas de ces troupeaux, éclairées à revers par le soleil abaissé qui les teignait d'or et de pourpre. On entendait chanter les cornemuses, les pâtres s'appeler, les bêtes bramer et mugir, et les chiens dominaient ces bruits de leurs rauques abois, coupés, de temps à autre, par des hennissements de cavales. Il fallut que les Arabes et les deux Français s'arrêtassent au moment d'entrer dans le douar. Un escadron de six cents chameaux défilait devant eux, et, du haut de leurs selles, les cavaliers voyaient rouler

(1) Tel est le nom caractéristique que les Arabes donnent à leurs tentes.

confusément les innombrables bosses laineuses, entre lesquelles de longues têtes aplaties se balançaient dans la poudre ardente. On eût dit une mer aux vagues brunes convulsivement secouée sous un reflet d'incendie. Quelques-uns des chameaux, en passant d'un air majestueux, regardaient les Français de leurs yeux expressifs, et des petits garçons, tout nus, poussaient ces énormes bêtes en leur lançant des mottes de terre.

Il suffit de quelques minutes pour parquer les troupeaux dans l'espace vide. Tous les animaux se couchèrent, sans se confondre, mais fortement pressés les uns contre les autres. Les chiens se turent. Déjà l'ombre baignait la base des tentes, et leurs faîtes seuls apparaissaient encore, délicatement teintés de carmin et s'enlevant en clair sur l'azur du ciel. Les deux chefs avaient pris les devants et s'étaient arrêtés au seuil d'une grande tente. Quand les Français y arrivèrent, le caïd et son fils venaient de mettre pied à terre et s'avançaient afin de leur tenir l'étrier.

Il serait difficile d'exprimer ce qui se passait dans l'âme de M. Simon depuis qu'il avait pénétré dans le village indigène. Il se tâtait pour se retrouver, croyant rêver, se demandant si tout cela était bien réel, et s'il ne jouait pas un rôle, à son insu, dans quelque scène tirée de la Bible. Les incidents qui l'attendaient sous la tente de Seddik ne firent qu'augmenter son ébahissement. La tente était énorme et magnifique, entièrement tissue de poil de chèvre, et son sommet était décoré d'une grosse touffe de plumes d'autruche. Sa hauteur dépassait vingt pieds, sa largeur quarante, et elle comptait soixante pas de longueur. Des mâts entrecroisés la soutenaient vers le milieu, et de longs câbles, dont l'extrémité se rattachait à des piquets fichés en terre, la maintenaient en équilibre. A l'extérieur, elle formait une sorte de dôme irrégulier d'un aspect sévère. L'intérieur était d'une richesse tout orientale. Dès qu'il eut mis le pied sur le seuil, M. Simon remarqua que la tente était partagée en deux, par un rideau de soie verte agrémenté de losanges de drap et de passequilles d'or. Les pans de la tente, entourant le compartiment situé de l'autre côté du rideau, étaient soigneusement abaissés, et des amas de fascines avaient été placés extérieurement, dans tout son pourtour, afin d'en défendre l'accès. Quant au compartiment où pénétra le roumi à la suite du kebbir et de ses hôtes, il était exposé à l'air libre. La lourde étoffe étant partout relevée à hauteur d'homme, on pouvait passer par-dessous, sans se baisser, et ceux qui se trouvaient dans cette partie de la maison de poil apercevaient de là, d'un côté, l'immense douar avec ses feux et ses troupeaux couchés, de l'autre, la campagne faiblement éclairée par le dernier reflet du jour. Un tapis de Smyrne à fond vert s'étendait dans toute la largeur de ce compartiment, exclusivement affecté aux hommes. Des selles brodées d'or, des harnais, des burnous, des *djellil* (1) ramagés de soie, des armes damasquinées, de longs fusils à capucines d'argent suspendus au milieu des mâts, formaient de splendides trophées, et le coffre renfermant les bijoux et les papiers de la famille était posé à terre sous un tissu de laine blanche.

A peine les deux Français eurent-ils pénétré sous la tente, que Seddik les pria de s'asseoir, et une table ronde et très-basse — elle avait au plus six pouces de hauteur — fut posée devant eux. Le caïd s'était placé d'un côté, le kebbir et M. Simon se trouvaient de l'autre, et tout le reste de l'assistance se tenait debout, par respect. Pendant que les

(1) Couvertures de cheval.

serviteurs couvraient la table, le roumi ne pouvait se lasser de promener les yeux autour de lui. Une dizaine d'hommes, vêtus de manteaux blancs qui leur descendaient sur les pieds et tenant à la main des flambeaux allumés, demeuraient immobiles, rangés en demi-cercle, dans un angle. En dehors de la tente, plus de cent autres étaient assis sur les talons, et les flambeaux projetaient une forte lueur sur leur poitrine. Maumenèsche, allongé contre le rideau, s'appuyait sur le coude auprès de l'intendant, reconnaissable à l'énorme clef du coffre qu'il portait suspendue au cou. Enfin les secrétaires du caïd (1), groupés à l'extrémité du tapis, complétaient ce tableau d'intérieur dont le caractère avait une gravité toute patriarcale.

Le roumi fut tiré de sa contemplation par l'arrivée de la diffa (2), et ce fut avec une satisfaction mêlée d'un certain effroi qu'il vit défiler devant lui les échantillons les plus variés de la cuisine arabe. Les serviteurs de Seddik, marchant lentement sur deux lignes, apportaient les plats. Tour à tour les hachis de mouton assaisonnés de poivre rouge, les poulets

---

(1) *Khrodjas*.
(2) Repas donné à des hôtes.

accommodés avec du sucre et des amandes douces, les pâtes feuilletées, les piments verts confits dans l'huile, les terrines de couscoussou arrosé de lait de chamelle, vinrent solliciter l'appétit de M. Simon. Le plat de résistance consistait en un mouton rôti entier, que deux hommes convoyaient en cérémonie, couvert d'un voile de soie et embroché à une longue perche. Ils le posèrent dans une large sébile de bois. Le roumi, qui jusqu'alors n'avait mangé que du bout des dents, redoutant vaguement pour son estomac les résultats du mélange de sucre et de poivre, se jeta sur ce mouton, et revint quatre fois à la charge. Il est bon d'ajouter que, depuis le commencement du repas, M. Simon éprouvait une grande gêne à maintenir ses jambes croisées sur le sol, dans la position des tailleurs. Il se serait dix fois levé, s'il l'avait osé, pour aller s'asseoir sur le coffre qui lui semblait le seul objet pouvant remplir l'office de siége. Il n'avait cependant pas sujet de se plaindre d'un manque de prévenance de la part du caïd ; car, avec une attention des plus hospitalières, Seddik avait fait poser devant lui un couvert d'argent, un couteau, un verre, une bouteille de vin, toutes choses qui ne se trouvent pas d'habitude sous les tentes et qu'il s'était procurées en prévision de la visite de quelques chrétiens, et entre chaque plat, une longue main brune passant au-dessus de son épaule, changeait son assiette. Le kebbir et Seddik mangeaient selon la mode arabe, se servant de leurs doigts en guise de fourchette, et partageant leur ration avec le poulain favori de la famille, qui, s'étant introduit sous la tente, venait leur pousser l'épaule de la tête pour réclamer sa part de lait et de couscoussou. Cela faisait sourire M. Simon, qui trouvait ces privautés singulières ; mais, quand, ayant montré quelque impatience par suite de la piqûre des moustiques, il vit, sur un signe du caïd, un serviteur s'approcher de lui et l'éventer tout doucement à l'aide d'un chasse-mouches, le roumi ne put s'empêcher de reconnaître, à part lui, qu'il y avait du bon dans les coutumes des barbares.

Les convives étaient demeurés silencieux pendant la première partie du repas, et les cent cinquante hommes qui les regardaient manger, les uns debout sous la tente et tenant des flambeaux, les autres accroupis en dehors, observaient également le silence. Selon l'expression proverbiale, on aurait entendu voler une mouche, si de petits cris d'enfant, quelques bêlements d'agneau et le bruit d'un pilon martelant le café dans un mortier, qui passaient à travers le rideau de soie, n'avaient appris aux étrangers que la partie de la tente cachée aux regards était habitée. M. Simon en savait assez long déjà sur les mœurs arabes pour soupçonner que les femmes du caïd occupaient le second compartiment, et certains tremblements qu'il avait observés dans les plis du rideau lui avaient même donné à penser que plus d'une curieuse se tenait là, tout contre, cherchant à voir peut-être, à travers les éraillements de l'étoffe ; mais il eut le bon goût de n'en pas parler. Une fois, cependant, il ne put s'empêcher de rire : un tout petit chevreau, curieux, lui aussi, avait passé la tête sous le rideau, et, le soulevant un peu, découvrait, sans s'en soucier, de petits pieds nus de femme ou d'enfant, pour examiner les convives. On entendit alors quelques chuchotements, et le chevreau, vraisemblablement tiré en arrière par une main invisible, laissa retomber la draperie.

Ce fut M. Simon qui parla le premier. Une chose le préoccupait depuis quelque temps : c'est que le serviteur qui se tenait debout derrière lui, la serviette sur l'épaule et l'assiette à la main, était ce chevalier de la Légion d'honneur au burnous noir, qui était venu au-devant de lui et du kebbir avec le caïd. M. Simon ignorait encore les liens de parenté qui existaient entre Seddik et cet homme au visage austère. Quand le kebbir lui eut appris qu'il était le fils aîné de son hôte, le roumi se leva, jeta sa serviette, et se confondit en excuses auprès du caïd, ajoutant qu'il ne continuerait point à manger si son fils ne se mettait pas à table avec eux. Mais le caïd l'interrompit d'une voix tranquille.

— Seigneur, tu peux reprendre ta place et rassasier ton estomac, lui dit-il. Mon fils ne mange pas devant son père.

— Eh bien, c'est un usage extraordinaire ! s'écria M. Simon. Non-seulement, chez nous, les enfants prennent leurs repas avec leurs parents, mais ils se trouveraient très-humiliés si on les obligeait à remplir l'office de domestiques.

— Les hôtes, monseigneur, reprit le caïd, sont pour nous des bénédictions, et c'est servir Dieu même que de les servir.

M. Simon allait de nouveau protester, si un signe du kebbir ne lui eût fait entendre qu'il se donnait une peine inutile. Il consentit alors à se rasseoir;

mais, toutes les fois que le chevalier de la Légion d'honneur s'approchait de lui, de grands débats s'élevaient entre eux, M. Simon refusant de lui passer son assiette, et l'autre insistant poliment, avec un air de tête et une majesté de regards qui n'eussent pas été déplacés chez un pontife.

Cependant, le repas étant terminé, les assistants se retirèrent avec Maumenèsche sous une tente voisine pour se partager la desserte.

C'est alors seulement que le kebbir se décida à parler du motif de sa visite. S'il l'avait fait plus tôt, il aurait montré une hâte incompatible avec les idées particulières que les musulmans se font de la dignité.

— Il paraît, dit-il à Seddik en se servant de la langue arabe, que les Beni-Haoua sont assurés contre la pluie. Ils ont abandonné les foins sur les prés avant de les réunir en meules.

— Monseigneur, répondit Seddik, les meules sont bonnes, mais l'honneur vaut mieux.

Il y eut ici un silence. Le fils aîné du caïd versait le café dans les tasses, et les passait successivement à son père et aux deux convives.

— J'ai vu, avec plaisir, reprit le kebbir, que l'on

n'avait plus à craindre de malfaiteurs dans le pays, tes serviteurs ayant quitté le poste où ils veillent d'habitude.

— Monseigneur, répondit le caïd, le poste se voit de loin et les coupeurs de route l'évitent. Ni eux ni toi, vous ne pouviez apercevoir mes serviteurs dans les taillis.

— Si je ne les ai pas vus, dit le kebbir, je crois les avoir entendus.

— Ils criaient pour m'avertir de ton passage, reprit le caïd. Nos ennemis les auraient trouvés muets, mais ils seraient tombés entre leurs mains.

En ce moment, la discussion fut interrompue par une nouvelle contestation qui venait de s'élever entre le fils de Seddik et M. Simon. Le premier s'était mis à confectionner des cigarettes, et, après les avoir allumées, il les passait successivement à son père et aux deux convives. M. Simon, charmé de cette politesse, voulait absolument que le fils du caïd fumât avec lui, et celui-ci s'en défendait avec sa gravité ordinaire.

— Monseigneur, dit alors le caïd à M. Simon, tu ne peux changer nos usages. Mon fils ne fume pas devant son père.

— Quelle étrange rigidité de principes ! fit à part lui M. Simon.

Après une minute de silence, le kebbir reprit :

— Les Beni-Haoua auraient-ils trouvé un trésor ? J'en serais enchanté pour eux. Les vingt jeunes gens que tu occupais aux travaux du camp l'ont abandonné sans rien dire. J'ai supposé qu'ils n'avaient plus besoin de travailler.

— Ils ont plus besoin de travail que de coups de bâton, monseigneur, répondit tristement le caïd. Il vaut mieux, pour moi, les nourrir, que de les exposer aux affronts.

— Caïd ! s'écria soudain le kebbir, je me suis porté ton garant auprès du commandant de cercle. J'ai juré que tu resterais fidèle, et que pas une main ne se lèverait dans ta tribu contre les Français.

— Tu as sagement agi, monseigneur, répondit Seddik.

— Cependant, reprit le kebbir, j'ai su qu'il y avait eu de l'émotion dans ton douar.

— Comment en pourrait-il être autrement ? dit Seddik. Toi qui es bon, généreux, qui marches sur les pas de la justice et à qui Dieu a donné sa propre intelligence, si tu étais menacé de te voir chasser de ton bordje, n'éprouverais-tu pas quelque émotion ?

— Seddik, reprit le kebbir après un moment de réflexion, as-tu toujours trouvé en moi un ami sincère ?

— Oui, monseigneur.

— Depuis dix ans que je suis dans le pays, les miens et moi, avons-nous jamais causé à toi ou aux tiens quelque dommage ?

— Non, monseigneur.

— Eh bien, pour que je puisse défendre tes droits, il faut que je sache ce que tu as fait, depuis que la nouvelle du projet de déplacement de ta tribu est parvenu à ta connaissance.

— Voici, monseigneur, dit Seddik. D'abord, ayant toujours fidèlement rempli mes fonctions de caïd, quand on m'a fait connaître ce projet, j'ai cru que mes oreilles me trompaient ou que j'étais la dupe d'un menteur. Puis, quand la nouvelle me fut confirmée, je dis : « C'est bien ! il paraît qu'il était écrit que mes petits-enfants apprendraient à marcher sur les sentiers de l'exil. » Ce matin, deux de mes serviteurs, qui venaient de côtés différents, m'apprirent chacun une mauvaise chose. Le premier, que j'avais envoyé à Cherchell, m'annonça l'arrivée dans ta maison de celui qui veut promener sa charrue sur nos terres. Le second, qui était allé recueillir un héritage à Mazouna, me dit qu'il y avait de l'agitation chez les Sbeah, et que plusieurs bandes de ces chiens, trompant la surveillance de l'autorité, étaient parties en expédition, se dirigeant probablement vers nos douars. J'envoyai aussitôt un de mes coureurs à Orléansville, un autre à Ténez pour prévenir les commandants de ces deux places, et les prier de faire occuper les passages des montagnes. Puis je réunis tous les hommes valides de ma tribu, je les mis au courant de ce qui se passait, je leur dis que l'étranger qui était devenu ton hôte devait être respecté, et qu'il ne fallait pas que les Sbeah réussissent à voler même une poule dans nos gourbis. A l'heure où je te parle, cinq de mes fils et quatre cents de mes cavaliers veillent en armes sur la frontière de mon territoire, et, si tu n'en crois pas tes oreilles, rapporte-t'en au témoignage de tes yeux.

Ce disant, le caïd, étendant le bras, désigna de la main la chaîne des collines qui se prolongeait à l'ouest du douar. Elle était toute parsemée de feux irrégulièrement espacés, et qui brillaient au loin comme de rouges étoiles.

Le kebbir, à cette vue, ne put maîtriser un mouvement de joie.

— Ainsi, dit-il, tu n'avais jamais eu la pensée de faire alliance avec les Sbeah ?

— L'hyène, répondit Seddik d'un air méprisant, chasse de compagnie avec les chacals. Mais qui a vu le lion s'associer à ces lâches bêtes ?

— Personne, caïd, reprit le kebbir, et nul ne le verra jamais. Je savais, moi, que tu ne pouvais être que fidèle, et, si je suis venu ici, c'était pour le prouver à mon hôte. Sois assuré maintenant que j'emploierai tout mon pouvoir pour éloigner les causes d'inquiétude de ta tribu.

M. Simon, pendant le cours de cette discussion à laquelle il n'entendait rien, par la raison qu'elle se tenait en langue arabe, fumait tranquillement les cigarettes que confectionnait le fils du caïd. Les craintes qu'il avait eues précédemment au sujet de la salubrité et de la tranquillité du pays s'étaient peu à peu dissipées, et, s'étant habitué aux façons de ses hôtes, il admirait à part soi cette large et copieuse existence dont jusqu'alors il ne s'était pas fait la moindre idée. Pour un rien maintenant, se rangeant du parti des Arabes contre leurs adversaires, il aurait fait serment qu'ils étaient tous hommes de bien. Il n'abandonnait rien de ses projets cependant, relativement à l'acquisition de leurs terres; mais il pensait que, grâce à de mutuelles concessions, les Beni-Haoua et lui pourraient finir par s'entendre, et il se réservait de prendre le kebbir pour arbitre dans cette grave question. Tout à coup, comme il était là, rêvant et savourant les ineffables douceurs d'un beau soir de printemps africain, on entendit de furieux abois de chiens, et le roumi sauta sur ses pieds en voyant un homme demi-nu, hagard et sanglant, se précipiter sous la tente.

Cet homme traînait littéralement après lui une grappe de chiens. Quand les serviteurs du caïd furent parvenus à les chasser, on le vit s'incliner d'un air humble et baiser respectueusement la tête de Seddik.

— O caïd! lui dit-il, je réclame ta protection.

— Tu l'as! répondit Seddik.

L'homme se releva, et l'on vit alors qu'il ne lui restait que ses caleçons, de tout son costume. Sa tête nue était à demi rasée; ses yeux, injectés de sang, erraient autour de lui avec inquiétude, et, sous les déchirures qui marbraient son corps, il apparaissait robuste et halctant. Le kebbir, dès son arrivée sous la tente, avait reconnu en lui le Kabyle Ben-Zeddam.

Cependant, le caïd lui ayant fait donner un burnous, Ben-Zeddam se vêtit, s'épongea le front, puis il raconta son histoire. Ainsi que le kebbir l'avait supposé, la nuit venue, il avait réussi à s'introduire dans le village; mais il avait été saisi, entraîné; trente bras le tiraient après eux, pour l'enfermer dans la cave du bureau arabe. Ben-Zeddam avait fait des efforts inouïs pour recouvrer sa liberté, et il y était enfin parvenu, en laissant la moitié de ses vêtements dans les mains des soldats, après avoir soutenu contre eux une lutte terrible. Il ne savait s'il avait été poursuivi. Tout ce qu'il se rappelait des incidents de sa fuite, c'est que, pendant qu'il franchissait le mur pour la seconde fois, afin de gagner la campagne, il avait entendu donner l'ordre de tirer sur lui, et trois ou quatre coups de carabine avaient retenti à ses oreilles.

Quand il eut fini de parler, le kebbir, qui l'avait attentivement écouté, le pria de lui montrer son couteau.

— Je n'avais plus mon *flissah* (1), répondit Ben-Zeddam ; Maumenèsche me l'a pris pendant la dispute.

— Avec quelle arme comptais-tu donc frapper ton ennemi ? lui demanda le kebbir.

— La panthère n'a-t-elle pas des flissahs au bout des doigts ! dit le Kabyle en étendant ses mains velues et noueuses.

Tout le monde s'entre-regarda sous la tente. Le visage de Ben-Zeddam avait une telle expression de férocité, que M. Simon recula.

— Ben-Zeddam, reprit enfin le kebbir, tu peux apaiser ton cœur. Ton ennemi est parti pour Alger, et on ne le reverra plus dans le pays.

En entendant ces mots, le Kabyle laissa échapper un cri de rage. Puis, se dominant tout à coup, il répondit docilement :

— C'est bien.

Cet incident mit fin à la visite de M. Simon et du kebbir. Leurs chevaux ayant été amenés, ils montèrent en selle, et Maumenèsche, écartant les chiens avec son bâton, se mit à marcher devant eux. Le

---

(1) Sorte de couteau-sabre que fabriquent les Kabyles.

caïd et son fils accompagnèrent leurs hôtes jusqu'à la limite du douar, et, quand ils les quittèrent, ce fut en les couvrant de bénédictions.

— Eh bien, monsieur, dit le kebbir à M. Simon quand ils se retrouvèrent seuls dans la campagne, et après l'avoir mis au courant de tout ce qui s'était passé entre lui et le caïd ; que pensez-vous des Arabes maintenant ? Les croyez-vous toujours des gens sans foi ni loi, des hommes sans vertus, cruels, indignes de tout intérêt et ne méritant pas de faire partie de la grande famille française ? Ce caïd nous a-t-il égorgés, comme vous le redoutiez ? Il n'ignorait pas les motifs qui vous ont amené dans le pays, et, loin de vous en faire un crime, il vous a traité en ami. Est-ce le fait d'un barbare ?

— Si vous voulez que je vous dise toute ma pensée, s'écria M. Simon, je vous donne ma parole d'honneur que je n'ai jamais rencontré d'homme plus comme il faut que ce patriarche ; et, quant à son fils, je déclare que ce gaillard-là doit avoir bien de la vertu pour se soumettre ainsi à remplir les dégradantes fonctions de domestique.

— Ces fonctions ne sont dégradantes qu'autant qu'elles sont rémunérées, répondit le kebbir. Celui qui les remplit gratuitement et par esprit de bienveillance ou de charité est digne de tous nos respects.

— Aussi le respecté-je infiniment, dit M. Simon.

— Eh bien, reprit le kebbir, puisque vous êtes dans ces bonnes dispositions, faites une chose méritoire. Vous êtes riche, vous n'avez pas d'enfant; abandonnez vos prétentions sur les terres de mes voisins. Les occasions d'augmenter votre fortune ne vous manqueront pas; choisissez celles qui vous permettront de le faire sans causer de dommage à personne.

— Mon Dieu! reprit M. Simon, je voulais précisément vous faire part d'une idée qui m'est venue à ce sujet. L'administration étant décidée à déplacer les Beni-Haoua, elle le fera tôt ou tard au profit de quelqu'un. Mieux vaut que ce soit au mien qu'à celui d'un autre. Cependant je ne voudrais pas causer de chagrin à ces braves gens, et, si une indemnité raisonnable, que vous fixeriez vous-même et que je payerais, pouvait arranger les choses...

— Cela n'arrangerait rien du tout, répondit tristement le kebbir, et je vois qu'il me faut renoncer à l'espoir de vous convaincre. Je le regrette ; oui, franchement, je le regrette pour vous.

Le roumi allait se récrier, quand il aperçut une chose qui lui coupa la parole. Son hôte et lui cheminaient sur un terrain rocheux et boisé, et la lune qui venait de se lever à l'horizon l'éclairait à demi de sa lueur pâle. Dans un espace découvert où se trouvaient quelques buissons, le roumi vit soudain un objet noir s'élever de terre et grandir. Il lui fut impossible d'en distinguer la forme, mais elle lui parut avoir des contours effrayants.

— Qu'est-ce que c'est que cela, mon Dieu ? balbutia-t-il en se penchant vers son compagnon.

— Cela ! dit le kebbir, c'est un des cavaliers de Seddik. Tenez ! en voici un autre qui passe devant ces arbres, et un troisième par ici, qui se tient immobile au pied de cette roche.

— Et pourquoi se trouvent-ils là, au lieu de dormir sous leurs tentes ? demanda M. Simon.

— Mais... c'est pour éclairer la route et nous porter secours, dans le cas où nous serions menacés de quelque danger.

Cette dernière prévenance du caïd acheva le roumi, et il ne trouva plus un mot à dire jusqu'au bordje.

Le kebbir le conduisit à sa chambre et lui souhaita une bonne nuit; mais le roumi ne dormit pas.

Longtemps il crut entendre des cris lointains ressemblant à des plaintes d'enfant qu'on égorge. Une sueur froide baignait ses membres, et, se dressant sur son séant, il écoutait. Ces cris n'étaient cependant que ceux des chacals qui rôdent dans l'ombre, et ceux de l'hyène qui les suit, en quête d'une proie que son manque d'odorat l'empêche d'éventer. Les aboiements des chiens leur répondaient. Mais, vers minuit, tout retomba dans le silence.

C'est alors que celui qui se fût trouvé sur le sentier, devant le bordje, eût pu voir une chose réellement inquiétante. Pendant que tout reposait dans la maison, une ombre se projeta sur le mur blanc, glissant rapidement dans la direction de l'oued Dhamous. Cette ombre appartenait au corps d'un homme qu'on n'apercevait pas et qui courait, penché, de buisson en buisson, sans faire plus de bruit que l'aile du hibou, cette aile ouatée qui bat si mollement les ténèbres. Quand il fut arrivé sur l'autre bord de la rivière, l'homme se redressa, et, ne supposant plus alors avoir besoin de se cacher, il se mit à marcher tout droit devant lui, dans la direction de l'est, et, en marchant, de temps à autre, il prononçait de courtes sentences.

« Souviens-toi, disait-il, qu'une once d'honneur vaut mieux que cent besants d'or.

« Ne te laisse prendre pour jouet par personne.

« Le pays où souffre ton orgueil, quitte-le, quand ses murailles seraient de rubis. »

C'était le Kabyle Ben-Zeddam qui parlait ainsi. Il était parvenu à s'échapper de la tente de Seddik, et il se rendait à Alger pour y trouver son ennemi. La distance de quarante lieues qui sépare le douar de la ville des Maures l'effrayait peu. S'il y avait été forcé, il serait certainement allé le chercher jusqu'à l'extrémité du monde.

FIN DU TOME PREMIER.

TABLE

Dédicace..	v
I. Le Sentier...	1
II. Le Gué..	28
III. Les Deux Iles.......................................	55
IV. Le Père et le Fils.................................	80
V. Les Soldats..	107
VI. L'Hospitalité.......................................	132
VII. Le Cèdre...	148
VIII. Les Gourbis......................................	178
IX. La Bohémienne..................................	202
X. Le Roumi..	226
XI. L'Aveu...	256
X I. Les Pionniers.....................................	284
XIII. Le Douar...	308

FIN DE LA TABLE DU TOME PREMIER

Corbeil, typ. et ster. de Crété.

www.ingramcontent.com/pod-product-compliance
Lightning Source LLC
Chambersburg PA
CBHW060456170426
43199CB00011B/1228